KATHARINA LI

CHINESISCHES

› KOCHBUCH ‹

Email: info@edition-lunerion.de
www.edition-lunerion.de

Psiana eCom UG
Berumer Str. 44
26844 Jemgum

Vorwort

Sie haben Lust auf original chinesische Schlemmerei, aber im China-Restaurant um die Ecke gibt's nur europäisierte Einheitskost? Das ist leider häufig der Fall, muss aber zum Glück nicht sein! Denn den echten Geschmack des Reichs der Mitte können Sie sich ganz einfach selbst auf den Teller zaubern – und dieses Kochbuch zeigt Ihnen, wie!

Szechuan, Chongqing und Guangdong: So verschieden und vielfältig wie die Regionen Chinas sind auch die traditionellen Landesküchen und mit dem Standardmenü in deutschen Restaurants haben sie meist wenig gemeinsam. Hier wurde sich an den europäischen Massengeschmack angepasst, zulasten von Würze, Schärfe und außergewöhnlichen Aromen. Deswegen präsentiert dieses Buch Ihnen eine große Auswahl an Rezepten, mit denen Sie das wahre China kulinarisch erkunden können und die volle Ladung an frischem Gemüse, komplexen Geschmäckern und raffinierten Gewürzen genießen. Dabei hält die überwältigende Vielfalt für Fleisch- und Fischfans ebenso reichlich Schlemmereien parat wie für Veggies oder Naschkatzen und ganz gleich, ob Sie Lust auf Leichtes, Frisches, Intensives, Deftiges oder ganz Besonderes haben, hier werden Sie fündig.

Guten Appetit!

INHALT

Frühstück

CI FAN |

FRÜHSTÜCKSROLLEN MIT REIS NACH SHANGHAI-ART

Ca. 20 Rollen | 30 Min. | Mittel

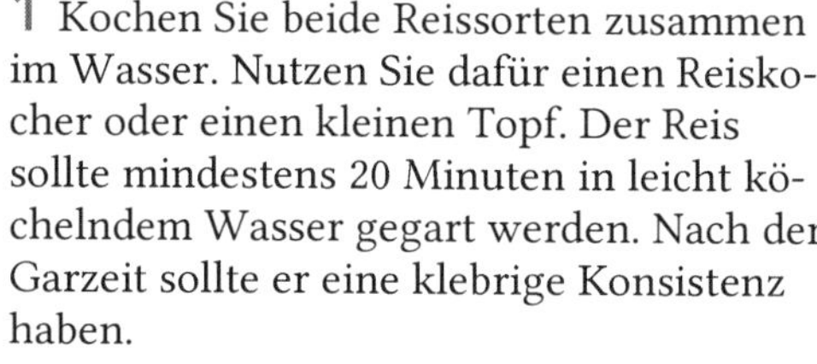

Zutaten

180 g weißer Kurzkornreis
180 g klebriger Reis
400 ml Wasser
2 Stücke chinesischer Teig, gebraten (you tiao)
200 g eingelegtes Schweinefleisch
½ chinesische Gemüsekonserve (zhao cai und/oder xian cai)
Nach Belieben: gehackter Koriander, Frühlingszwiebeln, Sesamsamen

Nährwerte p. P.

328 kcal
29 g Kohlenhydrate
18 g Fett
10 g Eiweiß

1 Kochen Sie beide Reissorten zusammen im Wasser. Nutzen Sie dafür einen Reiskocher oder einen kleinen Topf. Der Reis sollte mindestens 20 Minuten in leicht köchelndem Wasser gegart werden. Nach der Garzeit sollte er eine klebrige Konsistenz haben.

2 Bereiten Sie in der Zwischenzeit die übrigen Zutaten vor. Toasten Sie den Teig in einem Toaster goldbraun. Lassen Sie das Schweinefleisch und das Gemüse aus der Konserve abtropfen.

3 Rollen Sie nun eine Sushi-Rollmatte aus und belegen Sie sie mit einer Schicht Frischhaltefolie.

4 Verteilen Sie die Hälfte vom Reis darauf und geben Sie dann eine Lage Teig auf den Reis. Verteilen Sie nun Fleisch und Gemüse auf dem Teig.

5 Zum Schluss können Sie den Belag nach Belieben mit Koriander und Frühlingszwiebeln bestreuen.

6 Rollen Sie die Sushi-Rollmatte nun fest zusammen. Gehen Sie dabei sicher, dass alles fest zusammenhält.

7 Öffnen Sie die Matte wieder und nehmen Sie die Reisrollen heraus. Falls gewünscht, können diese noch in Sesamsamen gewendet werden.

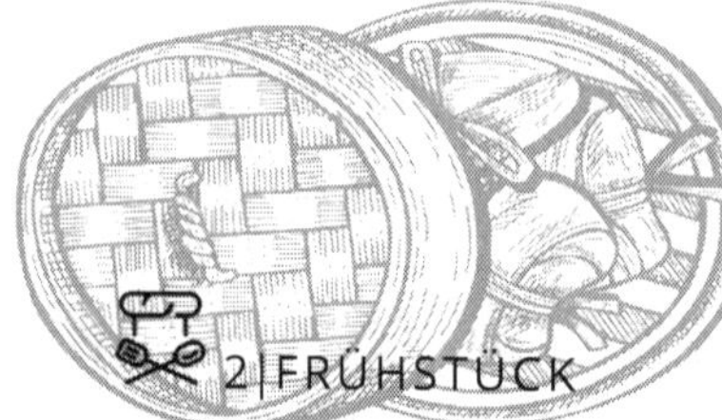

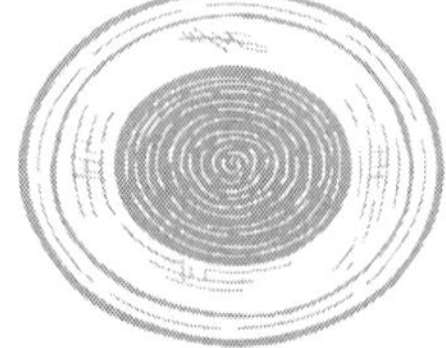

CHEUNG FUN |

GEDÄMPFTE REISNUDELROLLEN

10 Rollen

90 Min.

Mittel

Zutaten

Für den Teig:
120 g Reismehl
10 g Weizenstärke
10 g Tapiokastärke
1 Prise Salz
1 EL Speiseöl
500 ml Wasser

Für die Füllung:
3 Stiele grüne Zwiebeln, fein gehackt
15 große Garnelen, gekocht, fein gehackt
100 g chinesisches Grillfleisch

Für die Soße:
1 EL Sojasoße
2 TL Zucker
2 TL Sesamöl
2 EL Wasser

Außerdem:
Wasser zum Dämpfen

Nährwerte p. P.

322 kcal
49 g Kohlenhydrate
23 g Fett
12 g Eiweiß

1 Bereiten Sie zunächst die Soße vor. Vermengen Sie dafür alle Zutaten für die Soße in einem kleinen Topf. Kochen Sie alles kurz auf, bis sich der Zucker vollständig aufgelöst hat. Lassen Sie die Mischung nun abkühlen und widmen Sie sich in der Zwischenzeit den Cheung-Fun-Rollen.

2 Vermengen Sie alle Zutaten für den Teig miteinander. Es sollten keine Klumpen mehr darin schwimmen.

3 Erhitzen Sie eine kleine Menge Wasser in einer beschichteten, kleinen Pfanne auf mittlerer Stufe. Der Boden der Pfanne sollte vollständig mit Wasser bedeckt sein.

4 Geben Sie eine kleine Menge Teig in die Pfanne. Der Boden sollte damit dünn bedeckt sein. Bestreuen Sie den Teig nun mit einigen grünen Zwiebeln. Lassen Sie den Teig 1 - 2 Minuten lang dämpfen. Halten Sie die Pfanne dabei geschlossen.

5 Geben Sie jetzt die Garnelen auf den Teig. Sobald er gar ist, rollen Sie ihn in der Pfanne zu einer Rolle.

6 Gehen Sie mit den übrigen Zutaten so vor, bis alles aufgebraucht ist.

7 Servieren Sie die kalte Soße zu den Rollen.

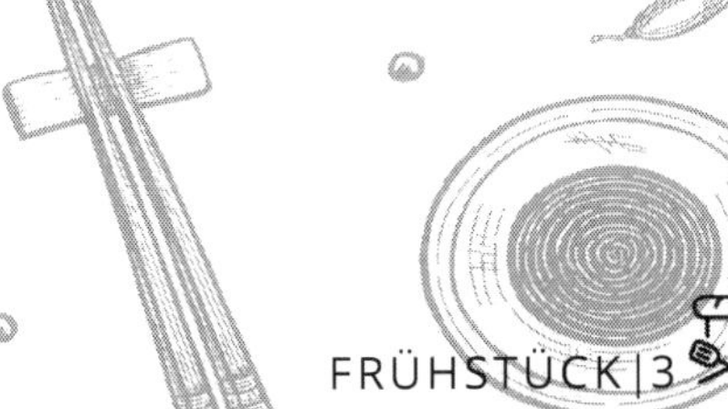

CONGEE |

REISSUPPE NACH HONGKONG-ART

4 Port. 20 Min. Leicht

Zutaten

120 g Jasminreis
2 x 1,4 Liter kaltes Wasser
1 TL Salz
200 g gegartes Hähnchenfleisch
1 Pk. Tofu
2 Pk. chinesische Gewürze nach Wahl
½ Pk. Pork Floss
10 g Ingwer
Nach Belieben: Schnittlauch (gehackt), Sesamöl, Sesamsamen, Salz, Pfeffer

Nährwerte p. P.

213 kcal
17 g Kohlenhydrate
4 g Fett
24 g Eiweiß

1 Waschen Sie den Reis gründlich ab und lassen Sie ihn über Nacht in dem Wasser einweichen.

2 Kochen Sie in einem großen Topf erneut 1,4 Liter Wasser auf. Geben Sie das Salz hinzu und köcheln Sie den Reis für 90 Minuten darin. Rühren Sie ihn dabei regelmäßig um.

3 Bereiten Sie in der Zwischenzeit die weiteren Zutaten vor. Schälen Sie den Ingwer und schneiden Sie ihn in feine Stücke. Schneiden Sie den Tofu und das Hähnchenfleisch ebenfalls in kleine Würfel.

4 Verteilen Sie den Reisbrei nun auf vier Schüsseln. Servieren Sie die vorbereiteten Zutaten dazu separat.

5 Die Suppe kann nun nach Belieben mit allen angegebenen Zutaten angerichtet und vermengt werden.

Tipp: Neben der hier gezeigten Variante kann die Reissuppe auch mit süßen Zutaten wie Obst serviert werden.

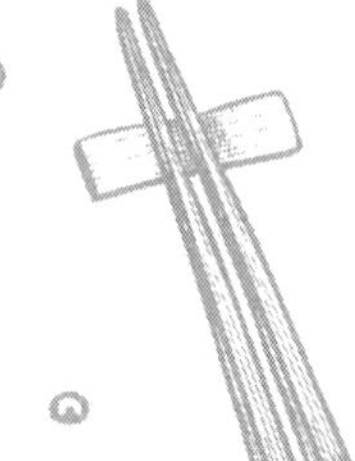
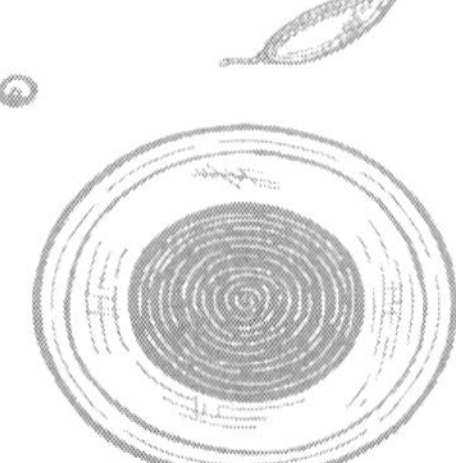

CHA DAN |

CHINESISCHE TEE-EIER

12 Eier

50 Min.

Leicht

Zutaten

12 Eier
10 g Ingwer
2 TL Pho-Bo-Gewürz-mischung
2 Lorbeerblätter
2 Teeblätter, schwarz
1 TL Szechuan-Pfeffer-körner
3 EL helle Sojasoße
1 EL dunkle Sojasoße
1 TL Zucker
2 TL Salz
2 EL Reiswasser
1 ½ Liter Wasser

Nährwerte p. P.

99 kcal
2 g Kohlenhydrate
7 g Fett
8 g Eiweiß

1 Piksen Sie die Eier mit einem Eierstecher an. Kochen Sie sie für 7 Minuten in sprudelndem Wasser.

2 Schrecken Sie die Eier nach dem Kochen mit kaltem Wasser ab.

3 Knacken Sie die Schale der Eier mit einem Esslöffel. Dabei sollten gleichmäßige Risse entstehen. Entfernen Sie die Schale jedoch nicht.

4 Schälen Sie den Ingwer, pressen Sie ihn mit einem breiten Kochmesser flach.

5 Geben Sie alle genannten Zutaten, bis auf die Eier, in einen großen Topf.

6 Kochen Sie die Mischung für 10 Minuten bei niedriger Stufe.

7 Lassen Sie die Marinade auf Raumtemperatur abkühlen.

8 Geben Sie nun die Eier hinein, schließen Sie den Topf und lassen Sie sie für 24 Stunden in der Marinade liegen.

Tipp: Je nach Geschmack dürfen die Eier bis zu 4 Tage in der Marinade eingelegt werden.

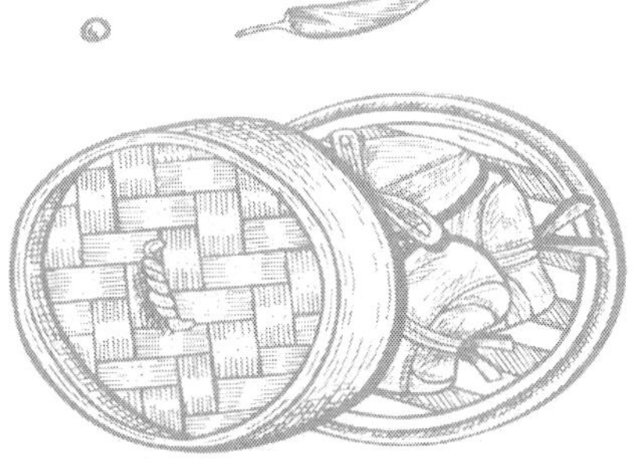

PAK CHOI |

CHINESISCHES KOHLFRÜHSTÜCK

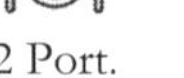

2 Port. 15 Min. Leicht

Zutaten

800 g Pak Choi
2 Zehen Knoblauch
1 rote Chilischote, frisch
2 EL Öl, zum Braten

Für die Soße:
2 EL Austernsoße
1 TL Zucker
1 TL Sesamöl, geröstet
½ TL Speisestärke
2 EL Wasser

Nährwerte p. P.

198 kcal
9 g Kohlenhydrate
11 g Fett
6 g Eiweiß

1 Schneiden Sie die Strünke von dem Pak Choi ab. Waschen Sie die Blätter und lassen Sie diese gut abtropfen.

2 Trennen Sie grüne und weiße Teile des Pak Choi voneinander. Schneiden Sie die grünen und weißen Blattteile nun in kleine, mundgerechte Stücke.

3 Schälen und hacken Sie den Knoblauch und die Chilischote.

4 Vermengen Sie jetzt für die Soße alle Zutaten miteinander und stellen Sie diese kalt.

5 Erhitzen Sie einen Wok auf höchster Stufe. Sobald er beginnt, zu rauchen, können Sie das Öl hineingeben.

6 Schwenken Sie ihn, damit sich das Öl darin gut verteilt. Geben Sie nun Knoblauch und Chili hinein und dünsten alles für etwa 10 Sekunden an.

7 Geben Sie die weißen Pak-Choi-Blätter hinzu und rühren Sie diese 30 Sekunden bei anhaltend großer Hitze ein. Braten Sie jetzt die grünen Blätter für weitere 30 Sekunden mit an.

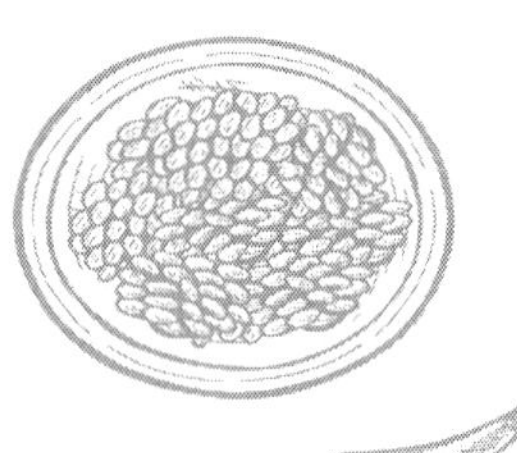

8 Reduzieren Sie die Hitze um die Hälfte. Geben Sie die Soße in den Wok und rühren Sie diese 1 Minute lang unter. Servieren Sie das Gemüse warm.

Tipp: Wer möchte, kann das Pak-Choi-Gemüse auf seinem Teller mit Sesamsamen garnieren.

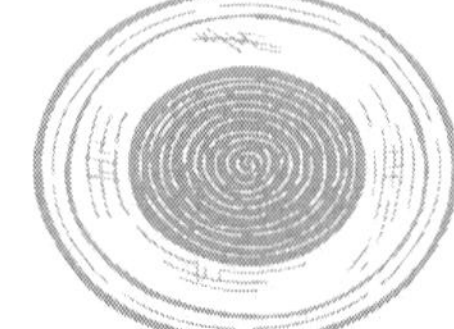

YOUTIAO |

CHINESISCHE BREADSTICKS

5 Port. 90 Min. Leicht

Zutaten

220 g Weizenmehl (Typ 405) und etwas mehr zum Verarbeiten
1 ½ TL Backpulver
1 Ei
½ TL Salz
120 ml Wasser, kalt
1 Liter Öl zum Frittieren

Nährwerte p. P.

166 kcal
32 g Kohlenhydrate
13 g Fett
5 g Eiweiß

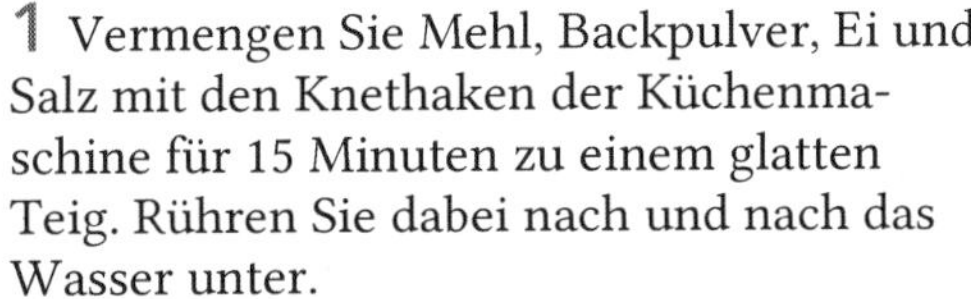

1 Vermengen Sie Mehl, Backpulver, Ei und Salz mit den Knethaken der Küchenmaschine für 15 Minuten zu einem glatten Teig. Rühren Sie dabei nach und nach das Wasser unter.

2 Der Teig sollte nach dieser Zeit nicht mehr an der Schüssel kleben und locker sein.

3 Bestäuben Sie eine Arbeitsplatte mit etwas Mehl und rollen Sie den Teig etwa 5 mm dick aus.

4 Rollen Sie ihn zu einer Rolle und wickeln Sie ihn in Frischhaltefolie ein. Geben Sie die Teigrolle nun über Nacht in den Kühlschrank.

5 Nehmen Sie den Tag am nächsten Tag aus dem Kühlschrank. Lassen Sie ihn für 1 - 2 Stunden ruhen, damit er wieder auf Zimmertemperatur kommt.

6 Erhitzen Sie das Öl in einer großen Pfanne oder einem Topf.

7 Nehmen Sie den Teig aus der Folie und schneiden Sie ihn in 20 etwa 2 cm dicke Streifen.

8 Drücken Sie mit Essstäbchen eine Vertiefung in jede Rolle.

9 Frittieren Sie die Breadsticks jetzt im heißen Öl, bis sie goldbraun sind.

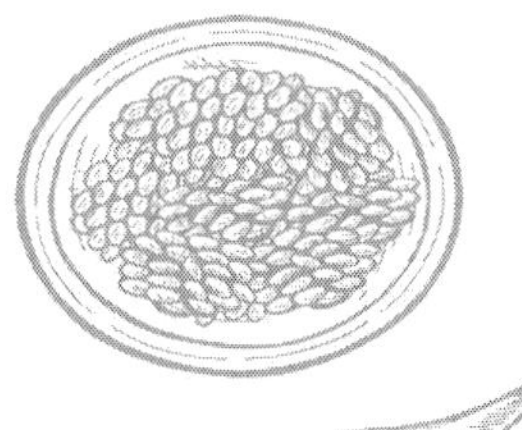

Tipp: Wenn die Breadsticks fertig frittiert sind, schwimmen sie im Fett oben.

XI FAN |

REISSUPPE CHONGEE

4 Port.

90 Min.

Mittel

Zutaten

9 EL Jasminreis
1 EL klebriger Reis
1 Liter Wasser
1 TL Salz
1 ½ Liter Hühnerfond
15 g Ingwer
2 Frühlingszwiebeln
5 Eigelbe
schwarzer Pfeffer, grob gestoßen

Nährwerte p. P.

117 kcal
8 g Kohlenhydrate
7 g Fett
7 g Eiweiß

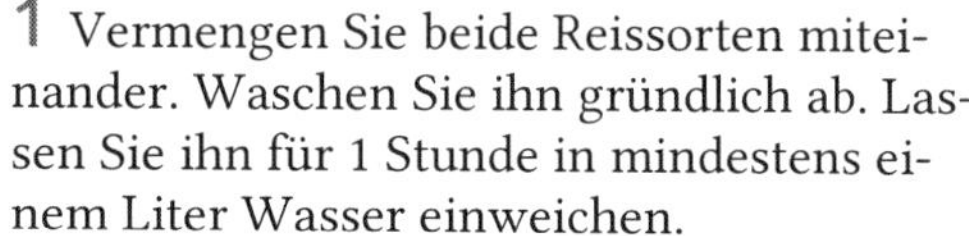

1 Vermengen Sie beide Reissorten miteinander. Waschen Sie ihn gründlich ab. Lassen Sie ihn für 1 Stunde in mindestens einem Liter Wasser einweichen.

2 Lassen Sie den Reis in einem Sieb gut abtropfen. Zerkleinern Sie ihn anschließend mit einem Mörser. Der Reis sollte eine feine Konsistenz haben, beim Zerkleinern jedoch nicht zu Brei verarbeitet werden.

3 Geben Sie den zerkleinerten Reis mit 1 TL Salz und ⅔ des Hühnerfonds in einen Topf. Lassen Sie alles aufkochen.

4 Geben Sie unter ständigem Rühren den übrigen Hühnerfond unter den Reis. Achten Sie dabei darauf, dass der Reis nicht am Topfboden anbrennt.

5 Dadurch sollte eine flüssige Suppe entstehen.

6 Schälen und schneiden Sie den Ingwer in feine Stücke. Schneiden Sie die Frühlingszwiebel in dünne Ringe.

7 Verteilen Sie die Reissuppe auf 4 Schüsseln.

8 Geben Sie zum Schluss Ingwer, Frühlingszwiebel, Pfeffer und jeweils 1 Eigelb auf die Reissuppe.

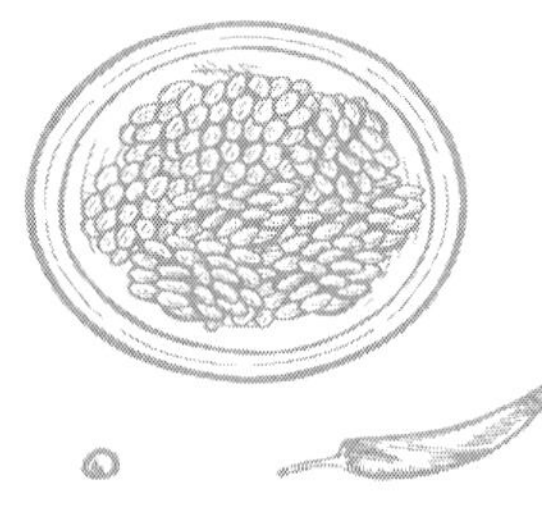

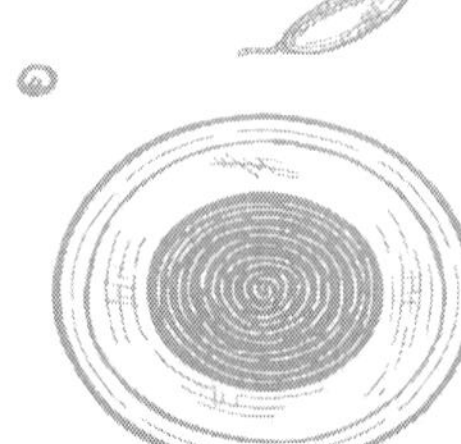

Salate

PAK CHOI SAANG CHOI |

PAK-CHOI-SALAT

4 Port. 20 Min. Leicht

Zutaten

4 kleine Pak Choi
1 rote Paprika
2 EL Sesamsamen
15 g Ingwer
1 Zehe Knoblauch
3 EL Sojasoße
1 Limette, ausgepresst
2 EL Olivenöl
2 EL geröstetes Sesamöl
Nach Belieben: Chiliflocken

Nährwerte p. P.

128 kcal
9 g Kohlenhydrate
11 g Fett
9 g Eiweiß

1 Waschen Sie den Pak Choi, entfernen Sie die Strünke und schneiden Sie die Blätter in feine Streifen.

2 Waschen Sie außerdem die Paprika und schneiden Sie sie in feine Würfel. Geben Sie Pak Choi und die Paprikastücke in eine große Schüssel.

3 Rösten Sie die Sesamsamen in einer beschichteten Pfanne ohne Fett an. Sie sollten eine leichte Bräunung erhalten, jedoch nicht zu dunkel werden oder verbrennen.

4 Stellen Sie nun das Dressing her: Pressen Sie Ingwer und den Knoblauch mit einer Knoblauchpresse. Geben Sie Sojasoße, Limettensaft, Olivenöl und Sesamöl dazu und vermengen Sie alles zu einem Dressing. Schmecken Sie es nach Belieben mit Chiliflocken ab.

5 Geben Sie das Dressing über den Salat und vermengen Sie alles gut miteinander. Bestreuen Sie ihn zum Schluss mit den gerösteten Sesamsamen.

Tipp: Der Salat wird in der traditionellen chinesischen Küche häufig als Beilage zu Reis mit Garnelen oder Hähnchen gereicht.

LIANG MIAN |

KALTER NUDELSALAT

 1 Port.

 25 Min.

 Leicht

Zutaten

1 Portion Weizennudeln nach Wahl
2 Zehen Knoblauch, gehackt
1 EL Schnittlauch, gehackt
2 EL Erdnüsse, geröstet
½ Möhre
½ Gurke
1 TL Sesam
3 EL helle Sojasoße
2 EL Reisessig
2 EL Sesamöl
½ TL Zucker
½ TL Salz
3 EL Speiseöl
Nach Belieben: Chilipulver

1 Vermengen Sie Knoblauch, Schnittlauch, Chilipulver und Sesamsamen in einer Schüssel.

2 Erhitzen Sie das Speiseöl und geben Sie es im heißen Zustand über die Zutaten.

3 Geben Sie nun Sojasoße, Zucker, Salz, Reisessig und Sesamöl hinzu und vermengen Sie alles zu einem Dressing. Geben Sie nach Belieben Chilipulver hinzu.

4 Kochen Sie nun die Nudeln nach Packungsanweisung und schrecken Sie sie im Anschluss mit kaltem Wasser ab.

5 Bereiten Sie in der Zwischenzeit das Gemüse vor. Schälen und schneiden Sie Möhre und Gurke in kleine Stücke.

6 Vermengen Sie jetzt alle Zutaten miteinander und garnieren Sie den Salat zum Schluss mit den gerösteten Erdnüssen.

Nährwerte p. P.

310 kcal
42 g Kohlenhydrate
9 g Fett
11 g Eiweiß

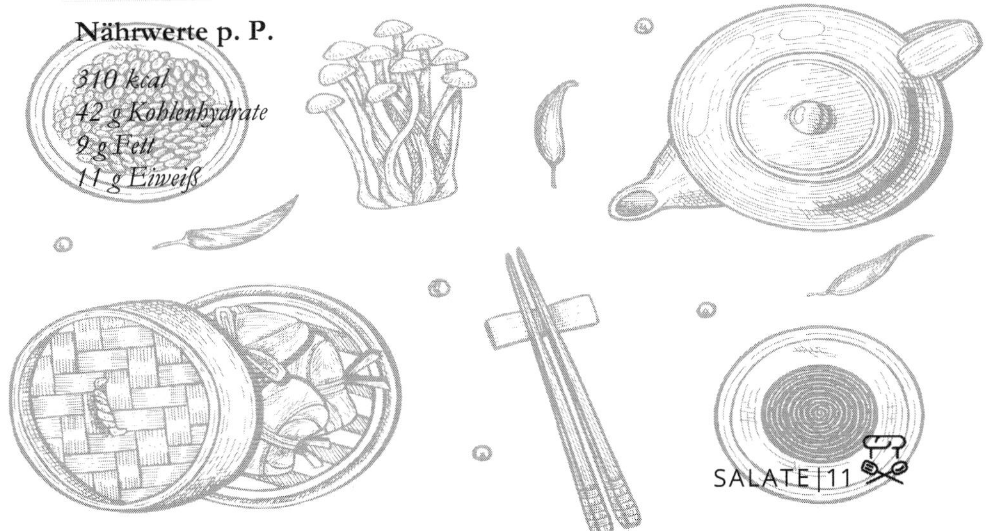

PAI HUANG GUA |

GURKENSALAT MIT GESCHLAGENEN GURKEN

4 Port.

10 Min.

Leicht

Zutaten

Für das Dressing:
1 TL Salz
2 ½ TL Zucker
2 TL Sesamöl, geröstet
3 TL helle Sojasoße
1 ½ EL Reisessig

2 Zehen Knoblauch
5 Zweige Koriander
2 große Gurken
2 TL Chiliöl
2 TL Sesamsamen, geröstet

Nährwerte p. P.

44 kcal
1 g Kohlenhydrate
4 g Fett
1 g Eiweiß

1 Bereiten Sie zunächst das Dressing vor. Vermengen Sie dafür alle Zutaten miteinander, bis der Zucker vollständig aufgelöst ist.

2 Schälen Sie den Knoblauch und hacken Sie ihn fein. Waschen Sie den Koriander, tupfen Sie ihn trocken und hacken Sie ihn ebenfalls klein. Vermengen Sie beides in einer großen Schüssel.

3 Waschen Sie die Gurke und trocknen Sie sie gründlich ab. Drücken Sie ein großes Messer flach auf die Gurke, damit sie an einer Seite abplatzt. Wiederholen Sie den Vorgang mehrmals.

4 Schneiden Sie die Gurke nun in einem 45-Grad-Winkel in mundgerechte Stücke.

5 Geben Sie die Gurkenstücke zu der Knoblauch-Koriander-Mischung. Vermengen Sie alles mit Chiliöl und dem Dressing.

6 Geben Sie die gerösteten Sesamsamen als Topping auf den Salat.

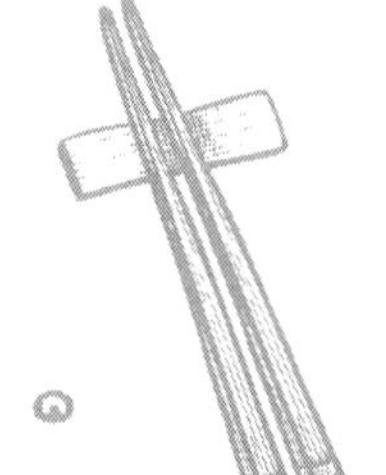

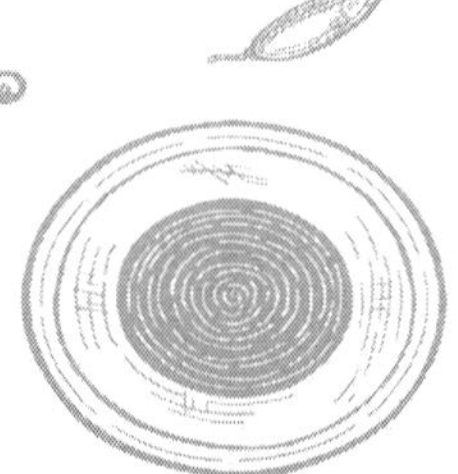

GOMA WAKAME | ALGENSALAT

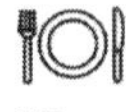
2Port.

15 Min.

Leicht

Zutaten

lauwarmes Wasser
4 EL Wakamealgen
1 EL Yuzusaft
½ EL Reisessig
1 EL Sesamöl
½ EL Zucker
2 EL Sesamsamen, geröstet
1 Prise Pfeffer

Nährwerte p. P.

89 kcal
6 g Kohlenhydrate
4 g Fett
12 g Eiweiß

1 Übergießen Sie die Wakamealgen mit lauwarmem Wasser. Die Algen sollten vollständig bedeckt sein. Lassen Sie sie für 10 Minuten in dem Wasser einweichen.

2 Vermengen Sie in der Zwischenzeit Yuzusaft, Reisessig, Sesamöl, Zucker, die Hälfte der Sesamsamen und Pfeffer miteinander.

3 Sobald sich die Algen vollständig mit dem Wasser vollgesaugt haben und eine weiche Konsistenz aufweisen, gießen Sie sie in einem Sieb ab.

4 Geben Sie die Algen und das Dressing in eine große Schüssel und vermengen Sie alles kurz miteinander. Garnieren Sie den Salat mit den übrigen Sesamsamen.

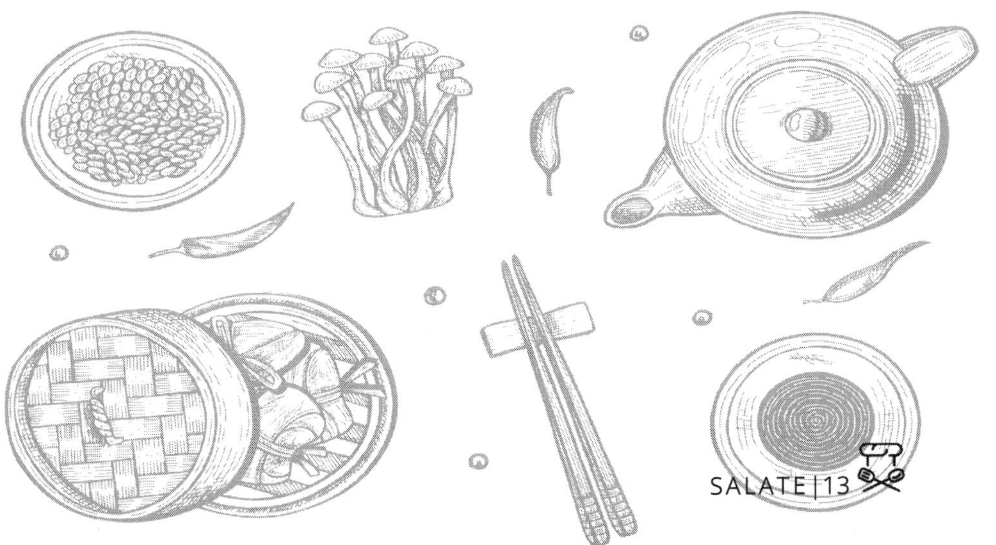

QINCAI HUASHENGMI |

SELLERIESALAT MIT ERDNÜSSEN

2 Port. 25 Min. Leicht

Zutaten

300 g Sellerie
1 Möhre
120 g Erdnüsse

Für die Gewürzmischung:
1 Frühlingszwiebel, in Ringe geschnitten
10 g Ingwer, in dünne Scheiben geschnitten
2 Zehen Knoblauch
15 Szechuan-Pfefferkörner
1 Zimtstange
1 Lorbeerblatt
2 Sternanis
2 TL Salz
etwas Wasser

Für die Soße:
1 - 2 EL helle Sojasoße
1 TL Sesamöl
2 TL Sesamsamen

Nährwerte p. P.

425 kcal
124 g Kohlenhydrate
28 g Fett
11 g Eiweiß

1 Waschen Sie die Erdnüsse gründlich ab. Geben Sie sie gemeinsam mit den Zutaten für die Gewürzmischung in einen kleinen Topf.

2 Bedecken Sie alles mit Wasser und bringen Sie die Mischung zum Kochen. Köcheln Sie sie für 45 Minuten bei mittlerer Wärmezufuhr.

3 Bereiten Sie in der Zwischenzeit das Gemüse vor. Waschen Sie den Sellerie, schälen Sie die Möhre und schneiden Sie alles in etwa 2 cm lange Streifen.

4 Rösten Sie die Sesamsamen ohne Zugabe von Fett in einem Wok oder einer Pfanne an.

5 Stellen Sie aus den Zutaten für die Soße das Dressing für den Salat her.

6 Kochen Sie in einem separaten Topf das Gemüse für 3 Minuten in reichlich Salzwasser. Schrecken Sie es anschließend mit kaltem Wasser ab.

7 Vermengen Sie das Gemüse mit den abgetropften Erdnüssen und garnieren Sie den Salat mit der Soße und den Sesamsamen.

Tipp: Wer die Erdnüsse etwas weicher mag, kann sie bis zu einer Stunde köcheln lassen. Falls sie etwas mehr Biss behalten sollen, sollten sie nur für 30 Minuten gekocht werden.

QINCAI SHALA |

KLASSISCHER SELLERIESALAT

4 Port.

60 Min.

Leicht

Zutaten

500 g weißer Rettich
4 TL Salz
1 EL Zucker
1 EL Weißweinessig
1 EL Sesamöl
1 EL Chilipulver
2 EL Öl
2 TL Sesamsamen, geröstet
2 Frühlingszwiebeln

Nährwerte p. P.

140 kcal
69 g Kohlenhydrate
20 g Fett
6 g Eiweiß

1 Waschen Sie den Rettich. Schälen Sie ihn und schneiden Sie ihn in längliche Streifen.

2 Waschen Sie die Frühlingszwiebel und schneiden Sie sie ebenfalls der Länge nach in Streifen.

3 Vermengen Sie die Rettichstreifen mit Salz. Lassen Sie sie darin für 15 Minuten ziehen.

4 Geben Sie Zucker, Essig, Sesamöl und Chilipulver über den Rettich (noch nicht vermengen).

5 Erhitzen Sie das Öl in einer kleinen Pfanne.

6 Geben Sie das heiße Öl langsam über den Rettichsalat.

7 Garnieren Sie den Salat mit Sesamsamen und Frühlingszwiebeln.

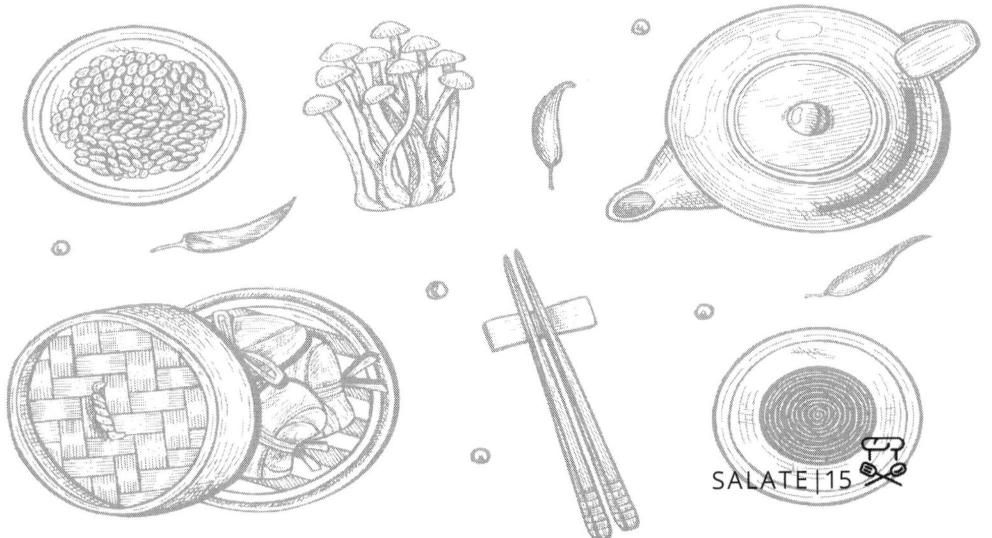

Suppen

YIN ER XUELI TANG |

SÜẞE SUPPE MIT BIRNEN UND PILZEN

2 Port.

25 Min.

Leicht

Zutaten

1 ½ Liter Wasser, lauwarm
10 g getrocknete Silberohr-Pilze
110 g Kandiszucker
1 Birne
30 Goji-Beeren

Nährwerte p. P.

359 kcal
79 g Kohlenhydrate
1 g Fett
5 g Eiweiß

1 Weichen Sie die getrockneten Pilze für mindestens 15 Minuten in dem Wasser ein. Schneiden Sie sie anschließend in mundgerechte Stücke.

2 Bringen Sie die Pilze im Anschluss in dem Wasser zum Kochen. Fügen Sie den Kandiszucker hinzu, sobald das Wasser sprudelnd kocht. Köcheln Sie alles für 40 – 60 Minuten.

3 Schälen Sie in der Zwischenzeit die Birnen. Schneiden Sie sie in mundgerechte Stücke.

4 Waschen Sie die Goji-Beeren.

5 Geben Sie beides nach der ersten Garzeit in die Suppe und lassen Sie sie weitere 15 Minuten köcheln.

Tipp: Die Suppe kann sowohl warm als auch kalt serviert werden.

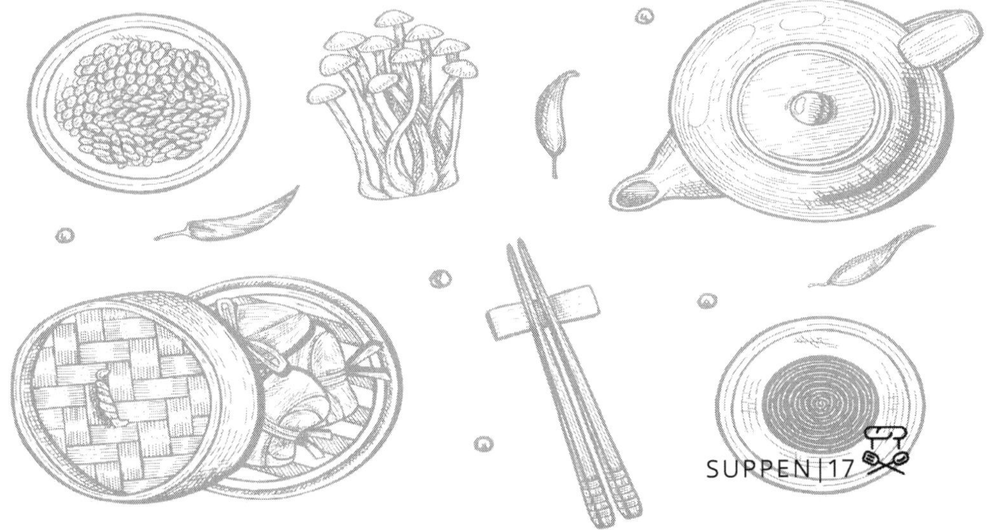

ZICAI DANHUA TANG |

PURTANG-SUPPE MIT EI

 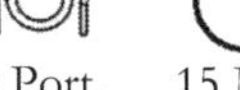 

2 Port. 15 Min. Leicht

Zutaten

1 ½ Liter Wasser
10 g Purpurtang, getrocknet
10 g kleine Shrimps, getrocknet
2 Eier
½ Stange Frühlingszwiebel
1 TL weißer Pfeffer
1 TL Sesamöl
Salz

Nährwerte p. P.

96 kcal
6 g Kohlenhydrate
6 g Fett
8 g Eiweiß

1 Bringen Sie das Wasser in einem Topf zum Kochen. Geben Sie die Shrimps und den Purpurtang hinein und lassen Sie alles bei niedriger Hitze für 10 Minuten kochen.

2 Schlagen Sie nach dieser Zeit die Eier in die Suppe und rühren Sie sie unter. Sobald durch die Eier Flocken entstehen, nehmen Sie den Topf vom Herd.

3 Waschen und schneiden Sie die Frühlingszwiebeln in feine Ringe. Rühren Sie sie in die Suppe.

4 Schmecken Sie die Suppe mit Salz, Pfeffer und Sesamöl ab.

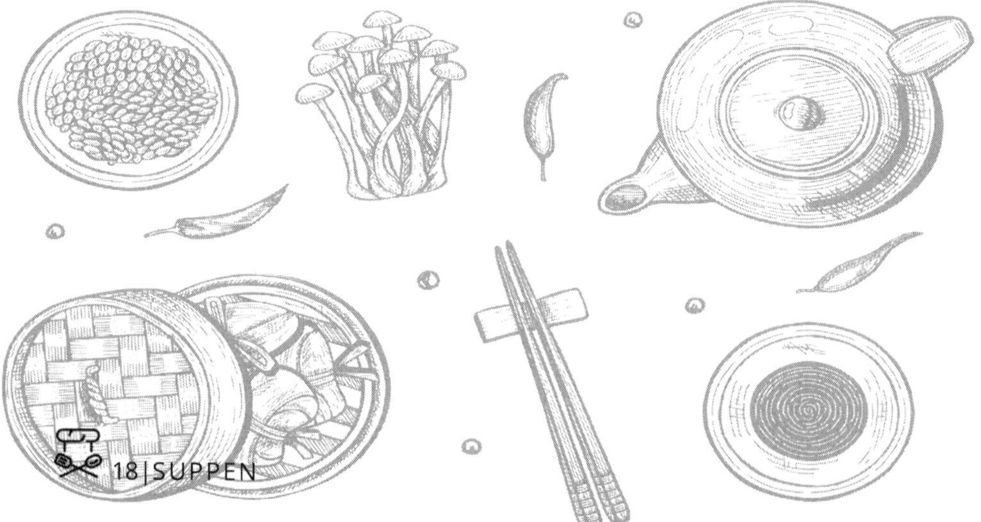

BAICAI FENSI WANZI TANG |

CHINESISCHE HACKBÄLLCHEN-SUPPE

 4 Port.  30 Min.  Mittel

Zutaten

Hackbällchen:
300 g Hackfleisch, gemischt
1 Stange Frühlingszwiebel, in dünne Scheiben geschnitten
10 g Ingwer, fein gehackt
1 Ei
½ Szechuan-Pfeffer
1 TL Salz

Suppe:
2 EL Pflanzenöl
1 Stange Frühlingszwiebel
10 g Ingwer, fein gehackt
6 Blätter Chinakohl
50 g Glasnudeln
1 ½ Liter Wasser, warm
Salz
½ TL weißer Pfeffer
½ Sesamöl

Nährwerte p. P.

266 kcal
14 g Kohlenhydrate
16 g Fett
16 g Eiweiß

1 Waschen Sie den Chinakohl und schneiden Sie ihn in 2 - 4 cm große Rauten. Schneiden Sie die grünen Teile dabei in etwas größere Stücke.

2 Weichen Sie die Glasnudeln für 10 Minuten in dem warmen Wasser ein.

3 Bereiten Sie in der Zwischenzeit die Hackbällchen vor. Vermengen Sie alle dafür vorgesehenen Zutaten in einer großen Schüssel. Die Mischung sollte eine cremige Konsistenz annehmen.

4 Formen Sie daraus kleine Hackbällchen und kochen Sie sie in einem Liter Wasser für etwa 8 Minuten.

5 Widmen Sie sich in der Zwischenzeit wieder der Suppe. Erhitzen Sie das Öl in einem großen Topf. Dünsten Sie Frühlingszwiebeln und Ingwer darin an.

6 Fügen Sie den vorbereiteten Chinakohl hinzu und dünsten Sie ihn kurz mit an.

7 Löschen Sie alles mit dem Wasser von den Glasnudeln ab.

8 Geben Sie die Hackbällchen in die Suppe und schmecken Sie sie mit Salz, Pfeffer und dem Sesamöl ab.

HONGSHAO NIUROU MIAN |

NUDELSUPPE MIT GESCHMORTEM RINDFLEISCH

6 Port.

50 Min.

Mittel

Zutaten

1 kg Rindfleisch
600 g Nudeln
200 g Sojasprossen
4 Zehen Knoblauch
10 g Ingwer
3 Lorbeerblätter
2 Sternanis
1 TL Fenchel, getrocknet
4 cm einer Zimtstange
1 Zwiebel
1 Stange Frühlingszwiebel
1 Tomate
1 EL Kandiszucker
1 EL helle Sojasoße
3 EL Pflanzenöl
1 ½ TL Salz
2 Liter kaltes Wasser

Nährwerte p. P.

357 kcal
55 g Kohlenhydrate
8 g Fett
13 g Eiweiß

1 Bereiten Sie zunächst das Gemüse vor. Waschen und schneiden Sie Knoblauch, Ingwer, Sternanis, Zwiebel, Frühlingszwiebel und Tomate in kleine Stücke.

2 Waschen Sie das Rindfleisch und tupfen Sie es mit Küchentüchern trocken. Lassen Sie es für mindestens 30 Minuten, am besten jedoch 3 Stunden, in kaltem Wasser einweichen.

3 Schneiden Sie das Fleisch anschließend in 3 - 4 cm große Stücke.

4 Bringen Sie das Fleisch in 2 Liter kaltem Wasser zum Kochen. Lassen Sie die Fleischstücke darin für 3 Minuten kochen. Nehmen Sie es heraus und trocknen Sie es erneut ab. Lassen Sie das Wasser in dem Topf kochen.

5 Erhitzen Sie währenddessen das Öl in einem Wok, dünsten Sie das vorbereitete Gemüse zusammen mit den Lorbeerblättern, dem Fenchel und der Zimtstange an. Schmecken Sie die Mischung mit Kandiszucker, Sojasoße und Salz ab.

6 Geben Sie das Fleisch und das kochende Wasser ebenfalls in den Wok.

7 Lassen Sie alles 30 Minuten auf mittlerer Stufe köcheln.

8 Kochen Sie in der Zwischenzeit die Nudeln in einem separaten Topf.

9 Geben Sie zum Ende der Garzeit die Nudeln und die gewaschenen Sojasprossen in die Suppe.

SUAN LA TANG |

PEKING-SUPPE SÜẞSAUER

2 Port.

30 Min.

Leicht

Zutaten

50 g Schweinefilet
½ Bambussprosse
1 EL helle Sojasoße
½ TL weißer Pfeffer
2 EL Tomatenmark
1 Stange Frühlingszwiebel
1 Möhre
2 getrocknete Shiitake-Pilze
500 ml Hühnerbrühe
2 EL Reisessig
½ EL Speisestärke
1 Ei
Nach Belieben: Salz, Zucker, frischer Ingwer, Chilipaste

1 Bereiten Sie zunächst alle Zutaten vor. Schneiden Sie das Fleisch in mundgerechte Stücke, waschen und trocknen Sie es ab. Waschen Sie die Frühlingszwiebel, die Möhre und die Pilze. Schneiden Sie alles in gleich große Stücke.

2 Erhitzen Sie die Hühnerbrühe in einem großen Topf. Sobald diese kocht, geben Sie alle Zutaten, bis auf das Ei und die Speisestärke, hinein und lassen alles für 5 Minuten sprudelnd kochen.

3 Nehmen Sie den Topf jetzt von der Herdplatte. Geben Sie das Ei und die Speisestärke in die Suppe und rühren Sie sie dabei kräftig um.

4 Schmecken Sie die fertige Suppe mit Salz, Zucker, Ingwer und der Chilipaste ab.

Nährwerte p. P.

209 kcal
21 g Kohlenhydrate
9 g Fett
6 g Eiweiß

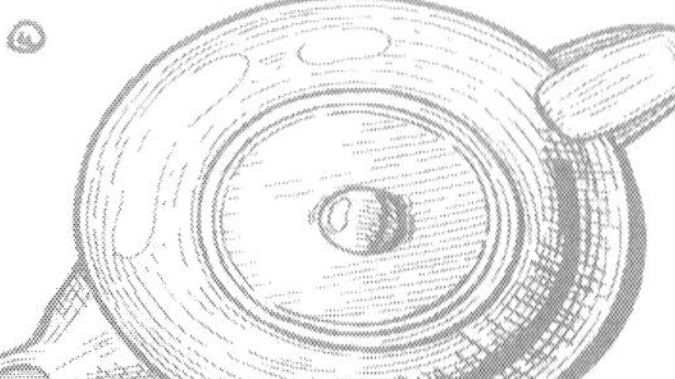

Tipp: Dieses Grundrezept kann nach Belieben angepasst werden. Die Pilze können beispielsweise variiert werden oder es können Nudeln oder Tofu hinzugefügt werden.

DAO XIAO MIAN |

EINFACHE NUDEL-GEMÜSE-SUPPE

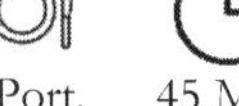

4 Port. 45 Min. Leicht

Zutaten

1 ½ Liter Wasser
2 Zehen Knoblauch
10 g Ingwer
2 TL Salz
4 EL Sojasoße
3 EL Bohnenpaste
2 Dosen stückige Tomaten
400 g Räuchertofu
2 TL Zitronengraspulver
4 Eier
400 g Pak Choi
300 g Nudeln nach Wahl

Nährwerte p. P.

364 kcal
20 g Kohlenhydrate
18 g Fett
28 g Eiweiß

1 Kochen Sie das Wasser in einem großen Topf auf. Schälen und schneiden Sie Knoblauch und Ingwer in feine Stücke.

2 Geben Sie Knoblauch, Ingwer, Salz, Sojasoße, Bohnenpaste und die Tomaten in das Wasser. Lassen Sie die Mischung 10 Minuten lang kochen. Rühren Sie sie dabei gelegentlich um.

3 Schneiden Sie den Tofu in dünne Scheiben. Geben Sie nun die rohen Eier, Tofu und Zitronengraspulver in die Suppe und lassen Sie sie für weitere 5 Minuten kochen.

4 Waschen Sie in der Zwischenzeit den Pak Choi und schneiden Sie ihn in lange Streifen.

5 Geben Sie zuletzt den Pak Choi und die Nudeln in die Suppe. Lassen Sie alles noch einmal für 5 Minuten bei mittlerer Wärmezufuhr kochen.

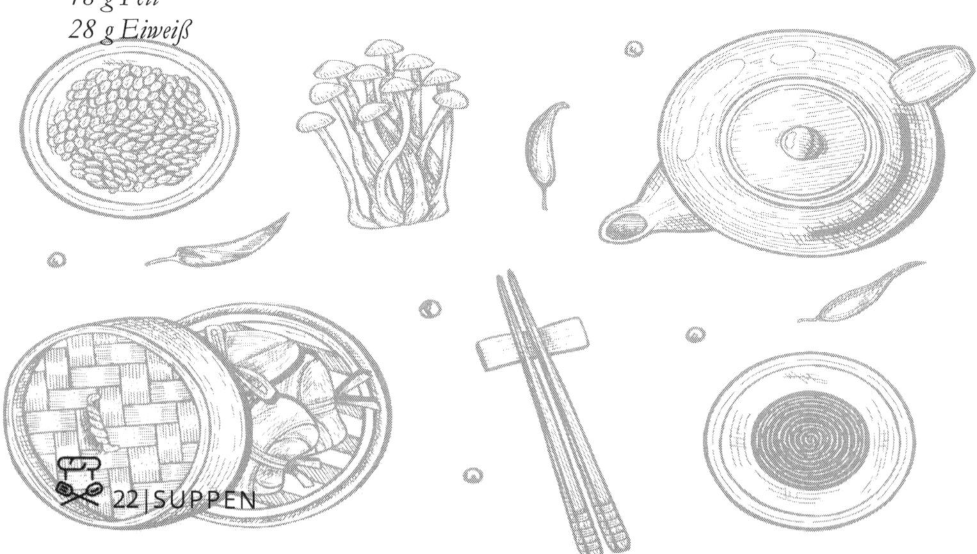

Hauptgerichte mit Fleisch & Geflügel

BAO BUNS |

GEDÄMPFTE BRÖTCHEN MIT SCHWEINEBAUCH

4 Port.

1 Std.

Leicht

Zutaten

Für die Brötchen:
500 g Mehl
20 g frische Hefe
20 g Zucker
240 ml warmes Wasser
1 Prise Salz

Für den Schweinebauch:
1 kg Schweinebauch
2 Stücke Sternanis
1 TL Fenchelsamen
1 TL Pfeffer
2 TL Salz

Für den Backteig:
6 EL Pankopaniermehl
100 g Speisestärke
100 g Maismehl
200 g Mehl
400 ml Wasser

Außerdem:
200 g Mehl
1 Liter Öl
200 g Sprossen
1 Salat nach Wahl
2 Stangen Frühlingszwiebeln

Für die Tonkatsu-Soße:
4 EL Ketchup
2 EL Austernsoße
2 EL Sojasoße
2 EL Worcestersoße

1 Entfernen Sie die Haut vom Schweinebauch und schneiden Sie ihn etwas ein. Zermahlen Sie alle für das Fleisch vorgesehenen Gewürze, bis auf das Salz, miteinander und reiben Sie es damit ein.

2 Geben Sie das Fleisch auf ein tiefes Blech.

3 Befüllen Sie es bis zur Hälfte mit Wasser. Garen Sie den Schweinebauch für 5 - 6 Stunden bei 100 Grad im Backofen. Achten Sie während dieser Zeit darauf, dass immer genügend Wasser auf dem Blech bleibt.

4 Reiben Sie das Fleisch nach der Garzeit großzügig mit Salz ein und geben Sie es über Nacht in den Kühlschrank.

5 Bereiten Sie nun die Brötchen zu. Kneten Sie alle dafür vorgesehenen Zutaten zu einem glatten Teig. Lassen Sie ihn für mindestens 90 Minuten an einem warmen Ort ruhen.

6 Bereiten Sie einen Dampfkorb vor, indem Sie ihn mit Backpapier bedecken und über einem Topf mit Wasser erhitzen.

7 Formen Sie aus dem Brötchenteig jetzt Kugeln. Rollen Sie diese aus, belegen Sie sie mit Backpapier und halbieren Sie sie. So sollte ein Fladen entstehen, der in der Mitte mit Backpapier getrennt ist. Dadurch

Nährwerte p. P.

409 kcal
32 g Kohlenhydrate
12 g Fett
18 g Eiweiß

können die Brötchen später besser befüllt werden.

8 Dämpfen Sie die Brötchen im Dämpfer für etwa 10 - 12 Minuten. Lassen Sie sie im Anschluss auskühlen.

9 Stellen Sie aus den Zutaten für den Backteig einen glatten Teig her.

10 Erhitzen Sie das Öl in einem Topf auf etwa 180 Grad.

11 Tupfen Sie den Schweinebauch währenddessen mit Küchenpapier ab, schneiden Sie ihn in mundgerechte Stücke und entfernen Sie dabei die Schwarte.

12 Frittieren Sie die Fleischstücke kurz in dem Öl, schwenken Sie sie dann in dem Mehl und anschließend in dem Backteig. Frittieren Sie sie erneut für 3 - 4 Minuten im Öl. Lassen Sie die fertigen Stücke auf Küchenpapier gut abtropfen.

13 Bereiten Sie aus den übrigen Zutaten die Tonkatsu-Soße zu.

14 Richten Sie die Brötchen jetzt nach Belieben mit Fleisch, Soße, Sprossen und Salat an.

15 Waschen Sie die Frühlingszwiebeln, schneiden Sie sie in Ringe und garnieren Sie das Gericht mit den Ringen.

CHOP SUEY |

KNUSPRIGE PEKINGENTE

2 Port.

1 Std.

Leicht

Zutaten

2 Stück Entenbrust

Für die Marinade:
3 Zehen Knoblauch
10 g Ingwer
1 EL Öl
300 ml Entenbrühe
1 EL Maisstärke
1 EL brauner Zucker
2 EL schwarzer Reisessig
2 EL Sojasoße
1 EL Chiliflocken (ohne Kerne)
2 EL Tomatenketchup

Außerdem:
600 ml Öl zum Ausbacken
1 Frühlingszwiebel

Nährwerte p. P.

310 kcal
25 g Kohlenhydrate
23 g Fett
19 g Eiweiß

1 Geben Sie das Fleisch in einen Dampfgarer und garen Sie es für 15 Minuten bei mittlerer Wärmezufuhr.

2 Backen Sie es im Anschluss bei 60 Grad für 30 Minuten im vorgeheizten Backofen.

3 Schälen und hacken Sie Ingwer und Knoblauch fein. Erhitzen Sie das Öl in einer Pfanne und rösten Sie die Mischung darin kurz an.

4 Löschen Sie die Mischung mit der Entenbrühe ab. Rühren Sie die übrigen Zutaten für die Marinade ein. Lassen Sie alles kurz aufkochen und schmecken Sie die Soße kräftig ab.

5 Erhitzen Sie das Öl zum Ausbacken in einem großen Topf.

6 Nehmen Sie die Entenbrust aus dem Backofen. Reiben Sie sie mit der Marinade ein.

7 Frittieren Sie das Fleisch für etwa 3 Minuten im 180 Grad heißen Fett.

8 Lassen Sie die frittierte Ente auf einem Küchenpapier abtropfen.

9 Waschen Sie die Frühlingszwiebel und schneiden Sie sie in feine Ringe.

10 Garnieren Sie die Entenbrust mit den Frühlingszwiebeln.

HOISIN JI |

ORANGEN-HÄHNCHEN MIT FRÜHLINGSGEMÜSE

2 Port.

60 Min.

Mittel

Zutaten

20 g Ingwer
2 Zehen Knoblauch
100 ml Orangensaft
2 EL Orangenmarmelade
50 g Honig, flüssig
3 EL Sojasoße
3 EL Hoisin-Sauce
1 EL Sesamöl
500 g Hähnchenbrust
5 EL Öl

Für die Gemüsemischung:
1 Stange Lauch
2 Möhren
1 Zucchini
1 Bund Frühlingszwiebeln
150 g Zuckerschoten
5 EL Öl

Nach Belieben:
Sojasoße
Austernsoße

Nährwerte p. P.

284 kcal
24 g Kohlenhydrate
6 g Fett
29 g Eiweiß

1 Schälen Sie den Ingwer und hacken Sie ihn fein. Pressen Sie den Knoblauch mit einer Knoblauchpresse. Vermengen Sie Knoblauch und Ingwer mit Orangensaft, Marmelade, Honig, Sojasoße, Hoisin-Sauce und Sesamöl.

2 Lassen Sie die Marinade für 10 Minuten im Kühlschrank ziehen.

3 Bestreichen Sie das Hähnchen mit etwas Marinade. Erhitzen Sie währenddessen das Öl in einer Pfanne.

4 Braten Sie das Fleisch darin knusprig an. Löschen Sie es mit der übrigen Marinade ab, sobald es gar ist.

5 Köcheln Sie es darin für 20 Minuten bei mittlerer Wärmezufuhr.

6 Bereiten Sie in der Zwischenzeit das Gemüse vor. Waschen Sie alles gründlich. Schälen Sie die Möhre und schneiden Sie das Gemüse in gleich große Stücke.

7 Erhitzen Sie das Öl für die Gemüsemischung in einem Wok. Dünsten Sie das Gemüse darin für 3 Minuten an. Schmecken Sie die Mischung mit Soja- und Austernsoße ab.

8 Servieren Sie das Hähnchen mit dem Gemüse. Dazu schmeckt Jasminreis.

GONG BAO |

HÄHNCHEN MIT CASHEWKERNEN

2 Port. 40 Min. Leicht

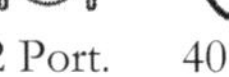

Zutaten

2 Hähnchenbrustfilets
1 Bund Frühlingszwiebeln
4 Zehen Knoblauch
10 g Ingwer
5 EL Öl
5 getrocknete Chilis
2 TL Pfeffer
200 g Cashewkerne

Für die Marinade:
1 TL Salz
2 EL Sojasoße
1 EL Reiswein
2 EL Kartoffelstärke
1 EL kaltes Wasser

Für die Soße:
3 EL Puderzucker
1 ½ EL Kartoffelstärke
1 ½ EL dunkle Sojasoße
2 EL Reisessig
150 ml Hühnerbrühe
1 EL Sesamöl

Nährwerte p. P.

240 kcal
48 g Kohlenhydrate
22 g Fett
9 g Eiweiß

1 Vermengen Sie zunächst alle Zutaten für die Marinade in einer großen Schüssel. Schneiden Sie das Fleisch in mundgerechte Stücke.

2 Geben Sie es anschließend in die Marinade und lassen Sie es darin für 30 Minuten ziehen.

3 Bereiten Sie in einer separaten Schüssel die Soße zu. Vermengen Sie alle Zutaten miteinander und lassen Sie die Mischung kurz ruhen.

4 Waschen und schneiden Sie die Frühlingszwiebel in feine Ringe. Schälen und hacken Sie Ingwer und Knoblauch. Hacken Sie die Chilis klein.

5 Erhitzen Sie das Öl in einem Wok. Dünsten Sie Pfeffer und Chilis kurz darin an. Geben Sie nun das Fleisch samt Marinade hinzu.

6 Braten Sie es etwa 4 Minuten lang an. Geben Sie Frühlingszwiebeln, Ingwer und Knoblauch hinzu.

7 Geben Sie nun die zubereitete Soße über die Mischung und vermengen Sie alles gut miteinander.

8 Das Hähnchen sollte nach wenigen Minuten etwas andicken. Nehmen Sie den Wok dann vom Herd.

9 Hacken Sie die Cashewkerne und geben Sie sie über das Hähnchen.

DAN DAN |

NUDELN MIT HACKFLEISCH

4 Port.

40 Min.

Leicht

Zutaten

400 g Mie-Nudeln
½ Chinakohl

Für die Soße:
1 TL Pfeffer
1 ½ EL Chiliflocken
½ TL Chilipulver
2 TL Sesampaste
1 TL Zucker

Für das Topping:
3 Frühlingszwiebeln
2 Zehen Knoblauch
2 EL Erdnussöl
350 g Hackfleisch, vom Schwein
2 Stiele Koriander
50 g Erdnüsse, geröstet

Nährwerte p. P.

792 kcal
43 g Kohlenhydrate
59 g Fett
27 g Eiweiß

1 Kochen Sie die Mie-Nudeln nach Packungsanweisung. Waschen Sie in der Zwischenzeit den Kohl und schneiden Sie ihn in dünne Streifen.

2 Geben Sie den Kohl 3 - 4 Minuten vor Ende der Garzeit zu den Nudeln.

3 Gießen Sie die Mischung ab und lassen Sie sie gut abtropfen. Fangen Sie dabei 120 ml Nudelwasser auf.

4 Vermengen Sie nun die Zutaten für die Soße miteinander. Der Zucker sollte sich dabei vollständig auflösen.

5 Waschen Sie die Frühlingszwiebeln und schneiden Sie sie in Ringe. Schälen und pressen Sie den Knoblauch.

6 Erhitzen Sie das Öl in einer Pfanne oder einem Wok. Dünsten Sie Knoblauch und Hackfleisch darin kräftig an. Geben Sie Frühlingszwiebeln und Koriander hinzu.

7 Geben Sie die Kohl-Nudel-Mischung hinzu und dünsten Sie alles noch einmal für 3 - 4 Minuten an. Geben Sie nun die Soße über die Mischung und nehmen Sie den Wok von der Herdplatte.

8 Garnieren Sie das Nudelgericht mit den gerösteten Erdnüssen.

SHIZITOU |

FLEISCHBÄLLCHEN

12 Bällchen

15 Min.

Leicht

Zutaten

1 kg Schweinefleisch aus der Schulter
1 Ei
1 EL Speisestärke
4 EL Sojasoße
1 Spritzer Weißwein
2 EL Wasser
2 EL Oystersoße
1 Scheibe Toast
150 g Zwiebeln
40 g Ingwer

Außerdem:
Öl zum Anbraten

1 Faschieren Sie das Fleisch und vermengen Sie es mit Sojasoße, Ei, Speisestärke, Wein, Wasser und Oystersoße.

2 Legen Sie die Scheibe Toast kurz in Wasser ein und kneten Sie es unter das Fleisch.

3 Schälen und würfeln Sie Zwiebeln und Ingwer fein und kneten Sie alles gut unter die Fleisch-Mischung.

4 Kneten Sie aus der Mischung 12 Fleischbällchen.

5 Erhitzen Sie genügend Öl in einer großen Pfanne. Braten Sie die Fleischbällchen darin rundherum an.

6 Sobald sie knusprig sind und genügend Farbe erhalten haben, sind sie fertig.

Nährwerte p. P.

360 kcal
128 g Kohlenhydrate
23 g Fett
18 g Eiweiß

Tipp: Zu den Fleischbällchen schmeckt Gemüse oder Reis. Kalt und in etwas kleineren Portionen können sie außerdem als Snack gereicht werden.

SHUI ZHU PORK |

WÜRZIGES SCHWEINEFLEISCH IN BRÜHE

4 Port.

35 Min.

Mittel

Zutaten

450 g Schweinekoteletts
2 Bund Wasserspinat, grob zerkleinert
1 Prise Salz
12 EL Speisestärke
3 EL Kochwein
10 EL Wasser
6 EL Öl
10 - 15 getrocknete Chilischoten
2 TL Szechuan-Pfeffer
6 Sternanis
3 EL Chili-Bohnen-Paste
3 EL fermentierte Sojabohnen
9 Zehen Knoblauch, in Scheiben geschnitten
20 g Ingwer
6 Frühlingszwiebeln, in Ringe geschnitten
1 Liter Wasser

Nährwerte p. P.

345 kcal
38 g Kohlenhydrate
27 g Fett
18 g Eiweiß

1 Schneiden Sie das Fleisch in mundgerechte Stücke. Vermengen Sie Salz, Stärke, Wein und Wasser miteinander und marinieren Sie die Fleischstücke darin für 10 Minuten.

2 Erhitzen Sie das Öl in einem Wok.

3 Braten Sie Chilischoten, Pfeffer und Sternanis darin kurz an.

4 Geben Sie die Chili-Bohnen-Paste, fermentierte Sojabohnen, Knoblauch, Ingwer und Frühlingszwiebeln hinzu. Braten Sie alles so lange miteinander an, bis die Mischung eine leicht rote Farbe erhält.

5 Geben Sie 1 Liter Wasser hinzu und kochen Sie die Mischung für 20 Minuten bei geschlossenem Deckel.

6 Rühren Sie nach dieser Zeit das Fleisch samt Marinade unter und lassen Sie es für 3 Minuten darin köcheln.

7 Blanchieren Sie zeitgleich den Wasserspinat in einem separaten Topf. Stellen Sie ihn anschließend beiseite.

8 Rühren Sie den Spinat kurz unter die Fleischmischung. Servieren Sie das Gericht mit beliebigen Kräutern.

Hauptgerichte mit Fisch & Meeresfrüchten

LA SANWENYU |

LACHS IM GURKEN-SUD

4 Port.

40 Min.

Mittel

Zutaten

Für den Gurken-Sud:
400 g Gurken
1 grüne Chilischote
1 Zehe Knoblauch
10 g Ingwer
1 TL Fischsoße
1 TL Chiliflocken, getrocknet
2 TL Zucker
½ TL Salz

Für den Lachs:
600 g Lachs
3 EL Sesamsamen
2 EL Erdnussöl
300 ml Gemüsebrühe
1 Zehe Knoblauch

Nach Belieben:
Sojasoße
Chilipulver

Nährwerte p. P.

425 kcal
30 g Kohlenhydrate
28 g Fett
31 g Eiweiß

1 Waschen Sie die Gurken und schneiden Sie sie anschließend mit einem Gemüsehobel in lange Streifen. Hacken Sie die Chilischote. Schälen und pressen Sie Ingwer und Knoblauch.

2 Vermengen Sie nun alle Zutaten für den Gurken-Sud miteinander. Lassen Sie die fertige Mischung in einer verschlossenen Schüssel für 20 Minuten ziehen.

3 Erhitzen Sie eine Pfanne. Rösten Sie die Sesamsamen darin kurz, ohne Zugabe von Fett

4 an. Stellen Sie die gerösteten Samen beiseite.

5 Erhitzen Sie jetzt das Erdnussöl in der Pfanne. Braten Sie den Lachs darin kurz bei schwacher Hitze an. Löschen Sie ihn mit der Gemüsebrühe ab. Pressen Sie den Knoblauch über den Fisch. Lassen Sie den Fisch darin für 5 Minuten köcheln.

6 Schmecken Sie die entstandene Soße mit Chilipulver und Sojasoße ab.

7 Richten Sie den Fisch mit der Soße, den gerösteten Sesamsamen und dem Gurken-Sud an.

Tipp: Zu diesem einfachen Fisch-Gericht schmeckt gekochter Reis.

XIA GUO |

GARNELENPFANNE

 4 Port.

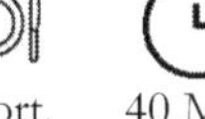 40 Min.

 Leicht

Zutaten

200 g Reis nach Wahl
1 Zwiebel
1 gelbe Paprika
1 orange Paprika
400 g Hokkaidokürbis
½ Ananas
2 EL Rapsöl
3 EL Tomatenmark
350 ml Gemüsebrühe
2 TL Curry
1 EL Frischkäse
200 g Garnelen
Basilikum zum Garnieren

Nährwerte p. P.

465 kcal
69 g Kohlenhydrate
12 g Fett
18 g Eiweiß

1 Kochen Sie zunächst den Reis bis zum gewünschten Garpunkt.

2 Bereiten Sie in der Zwischenzeit das Gemüse und Obst vor. Waschen Sie alles gründlich und schneiden Sie es in kleine, mundgerechte Stücke.

3 Erhitzen Sie das Öl in einer Pfanne.

4 Dünsten Sie zunächst Zwiebeln und Paprika darin für 5 Minuten an. Geben Sie die Kürbisstücke hinzu und dünsten Sie diese 10 Minuten lang mit an.

5 Rühren Sie jetzt Tomatenmark, Gemüsebrühe, Curry und Frischkäse unter. Nehmen Sie die Pfanne nun vom Herd.

6 Geben Sie zum Schluss Garnelen und Ananas in die Mischung und vermengen Sie alles kurz miteinander.

7 Richten Sie das Garnelen-Gemüse gemeinsam mit dem Reis an. Garnieren Sie es mit Basilikumblättern.

KUNG PAO YU |

SCHARFER FISCH AUS DER PFANNE

4 Port.

45 Min.

Mittel

Zutaten

Für die Panade:
400 g Fisch
1 Eiweiß
1 TL Sojasoße
Maisstärke
1 Prise weißer Pfeffer

Für die Soße:
1 EL Sojasoße
2 TL Reisessig
1 EL Doubanjiang
3 EL Wasser
1 TL Maisstärke
2 TL Zucker

Zum Braten:
5 EL Öl
3 Zehen Knoblauch
4 Frühlingszwiebeln
8 getrocknete Chilischoten
1 ½ TL Szechuan-Pfeffer
5 EL Erdnüsse, geröstet
5 EL Sesamsamen, geröstet

Nährwerte p. P.

440 kcal
48 g Kohlenhydrate
29 g Fett
32 g Eiweiß

1 Waschen Sie den Fisch und tupfen Sie ihn trocken. Entfernen Sie ggf. die Gräten. Schneiden Sie ihn in mundgerechte Stücke.

2 Vermengen Sie alle Zutaten für die Panade und legen Sie den Fisch darin für mindestens 10 Minuten ein.

3 Rühren Sie nun die Soße an. Vermengen Sie dafür alle vorgesehenen Zutaten miteinander. Der Zucker sollte sich vollständig aufgelöst haben.

4 Schälen Sie den Knoblauch und hacken Sie ihn fein. Waschen Sie die Frühlingszwiebel und schneiden Sie sie in feine Ringe.

5 Erhitzen Sie das Öl in einem Wok. Dünsten Sie den Fisch darin nach und nach an. Er sollte dabei eine goldbraune Farbe annehmen. Lassen Sie die Fischstücke auf Küchenpapier abtropfen.

6 Braten Sie nun Knoblauch, Chilischoten, Frühlingszwiebeln und Pfeffer in dem Wok und dem darin zurückgebliebenen Fett an. Geben Sie die Soße hinzu und kochen Sie alles kurz auf.

7 Geben Sie jetzt den gebratenen Lachs in die Mischung.

8 Garnieren Sie das Gericht mit Erdnüssen und Sesamsamen.

JIDAN JIA YOU YU |

RÜHREI MIT FISCH UND TOMATEN

 2 Port.

 25 Min.

 Leicht

Zutaten

200 g Fisch
4 große Tomaten
3 Eier
2 Frühlingszwiebeln
1 Zehe Knoblauch
2 TL Sesamsamen, geröstet
1 EL Öl
½ TL Salz
1 Prise weißer Pfeffer
Nach Belieben: Sojasoße

Nährwerte p. P.

240 kcal
29 g Kohlenhydrate
13 g Fett
22 g Eiweiß

1 Waschen Sie den Fisch und schneiden Sie ihn in kleine Würfel. Waschen und schneiden Sie die Tomaten und die Frühlingszwiebeln ebenfalls klein. Schälen und pressen Sie den Knoblauch.

2 Schlagen Sie die Eier in einer Schüssel auf und vermengen Sie sie mit den gerösteten Sesamsamen.

3 Erhitzen Sie das Öl in einer Pfanne oder einem Wok. Braten Sie Frühlingszwiebeln, Knoblauch und den Fisch darin auf mittlerer Wärmezufuhr für 5 Minuten an.

4 Geben Sie die Tomaten hinzu und dünsten Sie sie für 3 Minuten mit an.

5 Rühren Sie nun die Eier unter und reduzieren Sie die Hitze. Sobald das Ei eine Bindung annimmt, nehmen Sie den Wok vom Herd. Zerkleinern Sie den Fisch und das Ei noch einmal, falls notwendig.

6 Schmecken Sie alles mit Salz, Pfeffer und Sojasoße ab.

Tipp: Dieses einfache Fischgericht kann ohne Beilage serviert werden. Mit Nudeln oder Reis erhält es jedoch eine passende Beilage.

CHOW FUN |

NUDELN MIT MEERESFRÜCHTEN

2 Port.

25 Min.

Leicht

Zutaten

Für die Meeresfrüchte-Mischung:
250 g Meeresfrüchte
1 TL Reiswein
1 TL Sojasoße
1 Prise weißer Pfeffer
2 EL Sesamöl

Für die Soße:
1 TL dunkle Sojasoße
1 TL helle Sojasoße
1 TL Chilipulver
½ TL Zucker
1 TL Reiswein
2 EL Wasser

Außerdem:
250 g Nudeln nach Wahl, gekocht
4 EL Sesamöl
1 Zehe Knoblauch
1 TL Chilipulver
200 g Champignons
4 Frühlingszwiebeln
Nach Belieben: Salz, Pfeffer, Sojasoße, Sesamöl

Nährwerte p. P.

334 kcal
29 g Kohlenhydrate
14 g Fett
38 g Eiweiß

1 Vermengen Sie zunächst Reiswein, Sojasoße und Pfeffer mit den Meeresfrüchten. Lassen Sie die Mischung 10 Minuten ziehen.

2 Stellen Sie in der Zwischenzeit die Soße her. Lassen Sie sie ebenfalls einige Minuten ziehen.

3 Erhitzen Sie das Öl in einem Wok. Braten Sie die Meeresfrüchte darin für 5 Minuten an.

4 Nehmen Sie die Mischung aus dem Wok und stellen Sie sie beiseite.

5 Waschen und schneiden Sie Frühlingszwiebeln, Champignons und den Knoblauch in feine Stücke.

6 Erhitzen Sie nun das Sesamöl für das Gemüse in dem Wok. Dünsten Sie Frühlingszwiebeln, Champignons und den Knoblauch darin für 5 Minuten an.

7 Geben Sie die Nudeln hinzu und rühren Sie diese unter. Dünsten Sie alles weitere 2 Minuten lang an. Löschen Sie alles mit der zubereiteten Soße ab.

8 Geben Sie als letzten Schritt die Meeresfrüchte-Mischung in den Wok und dünsten Sie alles für etwa 5 Minuten an.

9 Schmecken Sie das Gericht mit Chilipulver, Salz, Pfeffer, Sojasoße und Sesamöl ab.

Vegetarische Hauptgerichte

PAO CAI |

EINGELEGTES GEMÜSE

2 Port. 10 Min. Leicht

Zutaten

1 Bund Radieschen
1 Gurke
2 Blätter Weißkohl
1 rote Paprika
100 ml weißer Wein
30 g Zucker
1 EL Salz
1 Lorbeerblatt
10 Körner Szechuan-Pfeffer

Nährwerte p. P.

89 kcal
9 g Kohlenhydrate
6 g Fett
7 g Eiweiß

1 Waschen Sie das gesamte Gemüse. Schneiden Sie es anschließend in mundgerechte Stücke.

2 Bereiten Sie ein großes Einmachglas vor, indem Sie es gründlich reinigen und ggf. auskochen.

3 Geben Sie Wein, Zucker, Salz, Pfeffer und das Lorbeerblatt hinein.

4 Befüllen Sie das Glas jetzt nach und nach mit dem vorbereiteten Gemüse. Es sollte vollständig mit der Flüssigkeit bedeckt sein.

5 Verschließen Sie das Glas und lassen Sie es über Nacht im Kühlschrank ruhen. Am nächsten Tag ist das Gemüse verzehrfertig.

Tipp: Dieses Grundrezept kann nach Belieben variiert werden. Im Einmachglas ist das Gemüse nach der Ruhezeit mindestens 4 Tage haltbar.

BANG BANG CAIHUA |

KNUSPRIGER BLUMENKOHL

2 Port. 15 Min. Leicht

Zutaten

100 g Mehl
100 g Speisestärke
1 Prise Salz
1 Prise Paprikapulver
1 Zehe Knoblauch, fein gehackt
160 ml kaltes Bier
500 ml Öl zum Frittieren
½ Blumenkohl
100 g Pankopaniermehl

Für die Soße:
1 EL Sriracha-Soße
1 Stück Ingwer
2 EL Ahornsirup
1 EL Sojasoße

Nährwerte p. P.

322 kcal
67 g Kohlenhydrate
11 g Fett
8 g Eiweiß

1 Vermengen Sie zunächst die Zutaten für den Teig miteinander. Rühren Sie Mehl, Speisestärke, Salz, Paprikapulver, Knoblauch und Bier mit einem Handrührgerät oder den Händen zu einem glatten Teig.

2 Zerkleinern Sie die Blumenkohlröschen nach Belieben. Waschen Sie sie und trocknen Sie diese gründlich ab.

3 Erhitzen Sie das Öl in einem großen Topf.

4 Tauchen Sie die Blumenkohlröschen nach und nach in den Teig und anschließend in das Pankopaniermehl. Geben Sie sie anschließend in das heiße Öl.

5 Frittieren Sie den Blumenkohl für 1 – 2 Minuten.

6 Rühren Sie nun die Soße an. Geben Sie alle dafür vorgesehenen Zutaten in eine Schüssel, vermengen Sie sie und schmecken Sie die Soße nach Belieben kräftig ab.

Tipp: Der knusprige Blumenkohl kann als Snack serviert werden. Gemeinsam mit Nudeln oder Reis wird er zu einem vegetarischen Hauptgericht.

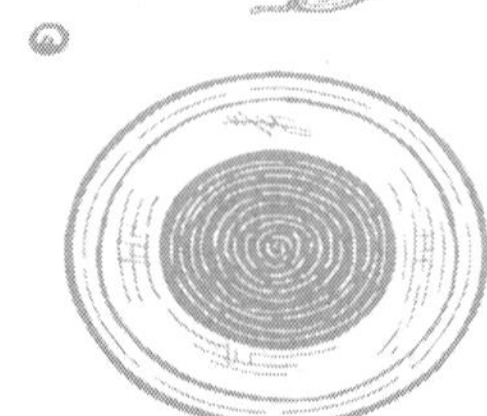

PAD THAI |

GEBRATENE NUDELN MIT ERDNUSS-SOẞE

4 Port.

20 Min.

Leicht

Zutaten

6 Zehen Knoblauch
15 g Ingwer
150 g Erdnüsse
2 EL Erdnussbutter, geröstet
5 EL Sojasoße
2 EL Sesamöl, geröstet
2 TL brauner Zucker
2 EL Rapsöl
½ Spitzkohl
400 g Nudeln, gekocht
200 ml Nudelwasser oder Brühe
2 EL Chiliöl, geröstet
2 Limetten
2 Frühlingszwiebeln

Nährwerte p. P.

218 kcal
21 g Kohlenhydrate
11 g Fett
8 g Eiweiß

1 Schälen und hacken Sie Ingwer und Knoblauch fein. Waschen Sie den Kohl und schneiden Sie ihn in feine Streifen.

2 Vermengen Sie die Erdnussbutter mit Sojasoße, Sesamöl und Zucker zu einer Soße.

3 Rösten Sie die Erdnüsse in einer Pfanne ohne Zugabe von Fett kräftig an.

4 Erhitzen Sie jetzt das Öl in einem Wok. Dünsten Sie Ingwer und Knoblauch darin an.

5 Geben Sie jetzt den Kohl hinzu und dünsten Sie ihn 3 Minuten mit an.

6 Nach dieser Zeit geben Sie die Nudeln in den Wok und braten diese ebenfalls für 3 Minuten mit. Vermengen Sie die Zutaten dabei gut miteinander.

7 Löschen Sie die Mischung jetzt mit dem Nudelwasser oder der Brühe ab.

8 Geben Sie die vorbereitete Soße in den Wok und reduzieren Sie die Hitze.

9 Pressen Sie die Limetten aus und schneiden Sie die Frühlingszwiebeln in dünne Ringe.

10 Schmecken Sie die Nudeln mit Limettensaft, den Frühlingszwiebeln und dem Chiliöl ab.

Tipp: Wer seine Nudeln nicht scharf mag, lässt das Chiliöl einfach weg.

DI SAN XIAN |

GEBRATENE GEMÜSEMISCHUNG

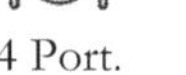

4 Port. 25 Min. Leicht

Zutaten

4 Kartoffeln, festkochend
2 Auberginen
1 große rote Paprika
2 Zehen Knoblauch
10 g Ingwer
1 Bund Frühlingszwiebeln
500 ml Öl zum Frittieren
5 EL Reiswein
5 EL Sojasoße
1 TL brauner Zucker
1 TL Speisestärke

Nährwerte p. P.

147 kcal
23 g Kohlenhydrate
2 g Fett
5 g Eiweiß

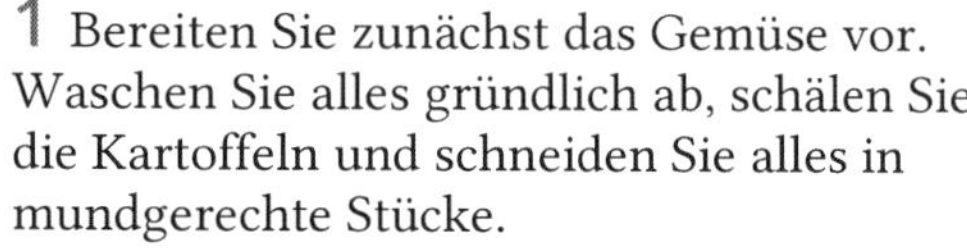

1 Bereiten Sie zunächst das Gemüse vor. Waschen Sie alles gründlich ab, schälen Sie die Kartoffeln und schneiden Sie alles in mundgerechte Stücke.

2 Kochen Sie die Kartoffelstücke für 10 Minuten in Salzwasser. Lassen Sie diese im Anschluss auf Küchenpapier gut abtropfen.

3 Würfeln Sie Zwiebeln und Knoblauch klein.

4 Erhitzen Sie jetzt das Öl in einem Wok.

5 Frittieren Sie die Kartoffeln jetzt für 2 – 3 Minuten in dem heißen Öl. Lassen Sie sie erneut auf Küchenpapier abtropfen.

6 Frittieren Sie das übrige Gemüse und Zwiebel und Knoblauchwürfel, kurz im Wok an. Heben Sie die Frühlingszwiebeln für später auf.

7 Vermengen Sie das Gemüse nun in einer großen Schüssel mit den Kartoffeln und einem Großteil der Frühlingszwiebeln.

8 Rühren Sie aus Reiswein, Sojasoße, Zucker und Speisestärke eine Soße an. Geben Sie diese über das Gemüse und garnieren Sie es im Anschluss mit den Frühlingszwiebeln.

9 Servieren Sie das Gemüse warm.

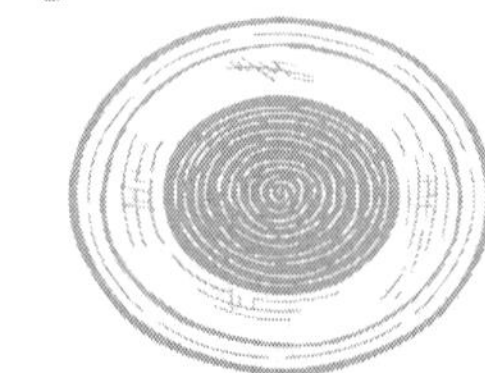

KUNG PAO TOFU | VEGETARISCHER KUNG-PAO-EINTOPF

2 Port.

20 Min.

Leicht

Zutaten

400 g fester Tofu
2 EL Öl
1 rote Paprika
1 grüne Paprika
1 kleine Chilischote
1 TL Maisstärke
150 ml Shao-Xing-Reiswein

Für die Würzmischung:
1 EL gehackter Knoblauch
1 EL gehackter Ingwer
2 TL Zucker
2 EL Sojasoße
2 TL Sesamöl
3 EL Chili-Bohnen-Soße

Zum Garnieren:
1 Frühlingszwiebel
geröstete Sesamsamen

Nährwerte p. P.

340 kcal
48 g Kohlenhydrate
23 g Fett
19 g Eiweiß

1 Tupfen Sie den Tofu mit Küchenpapier gründlich ab. Schneiden Sie ihn in etwa 2 cm große Würfel.

2 Waschen und schneiden Sie Paprika, Chilischoten und die Frühlingszwiebel in mundgerechte Stücke.

3 Erhitzen Sie das Öl in einem Wok.

4 Braten Sie den Tofu darin für 5 Minuten an. Er sollte eine goldbraune Farbe erhalten haben und knusprig sein. Stellen Sie ihn anschließend beiseite.

5 Dünsten Sie nun Ingwer, Knoblauch und die Zutaten für die Würzmischung in dem Wok an.

6 Geben Sie Paprika und die Chilischote hinzu und dünsten Sie alles unter ständigem Rühren weitere 3 Minuten an.

7 Rühren Sie jetzt die Maisstärke und den Reiswein unter, bis die Masse etwas andickt.

8 Geben Sie dann den Tofu in den Wok und erwärmen Sie alles noch einmal.

9 Servieren Sie den Salat auf Tellern und garnieren Sie ihn nach Belieben mit Frühlingszwiebeln und Sesamsamen.

HONG SHAO TU DOU |

ROTGESCHMORTE KARTOFFELN

4 Port. 35 Min. Leicht

Zutaten

800 g Kartoffeln
4 TL Salz
8 Zehen Knoblauch
4 TL Öl
4 TL Chili-Bohnen-Paste
6 Frühlingszwiebeln

Nährwerte p. P.

460 kcal
79 g Kohlenhydrate
23 g Fett
11 g Eiweiß

1 Schälen Sie den Knoblauch, hacken oder pressen Sie ihn fein.

2 Waschen Sie die Frühlingszwiebeln und schneiden Sie sie in etwa 2 cm dicke Ringe.

3 Waschen Sie die Kartoffeln, geben Sie sie mit dem Salz in reichlich Wasser und kochen Sie sie für 15 Minuten in kräftig sprudelndem Wasser.

4 Schrecken Sie die Kartoffeln mit kaltem Wasser ab. Schneiden Sie sie in mundgerechte Stücke.

5 Erhitzen Sie das Öl in einem Wok. Braten Sie die Chili-Bohnen-Paste darin an, bis das Öl rot wird. Geben Sie den Knoblauch hinzu und braten Sie ihn mit an.

6 Geben Sie Kartoffeln und Frühlingszwiebeln hinzu und rühren Sie diese kurz unter.

7 Servieren Sie die Kartoffeln sofort, damit sie knusprig bleiben.

Fingerfood & Snacks

JIAN DUI |

SÜẞE SESAMBÄLLCHEN

20 Bällchen | 20 Min. | Mittel

Zutaten

Für den Teig:
180 g Klebereismehl
100 ml kaltes Wasser
80 g Zucker
½ TL Backpulver

Außerdem:
100 g rote Bohnenpaste
100 g Sesamsamen
Öl zum Frittieren

Nährwerte p. P.

67 kcal
26 g Kohlenhydrate
12 g Fett
6 g Eiweiß

1 Bringen Sie genügend Wasser in einem kleinen Topf zum Kochen.

2 Formen Sie 2 EL des Klebereismehls mit 2 EL Wasser zu einer Kugel. Kochen Sie sie in dem Wasser für 3 Minuten.

3 Geben Sie die Kugel danach sofort in das kalte Wasser.

4 Vermengen Sie jetzt alle Zutaten für den Teig miteinander. Rühren Sie die gekochte Kugel dabei unter.

5 Formen Sie aus dem Teig 20 gleich große Kugeln.

6 Drücken Sie in jedes Teigstück eine kleine Mulde.

7 Befüllen Sie diese mit etwas Bohnenpaste.

8 Verschließen Sie die Kugeln und benetzen Sie sie rundherum mit etwas Wasser. Wälzen Sie sie anschließend in den Sesamsamen.

9 Erhitzen Sie ausreichend Öl in einem Wok oder einem Topf auf 120 Grad.

10 Frittieren Sie die Kugeln darin nach und nach 3 Minuten lang. Sie sollten eine helle Farbe behalten und nicht zu dunkel werden.

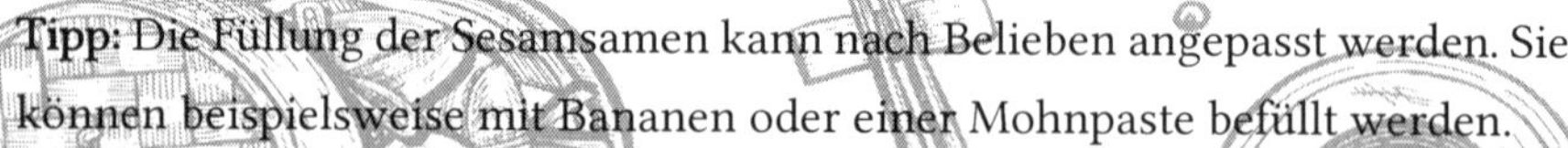

Tipp: Die Füllung der Sesamsamen kann nach Belieben angepasst werden. Sie können beispielsweise mit Bananen oder einer Mohnpaste befüllt werden.

CHUN JUAN |

KLASSISCHE FRÜHLINGSROLLEN

24 Rollem

75 Min.

Mittel

Zutaten

24 Blätter Reispapier
500 ml Öl zum Frittieren
Sojasoße
Chilisoße

Für die Füllung:
2 Zehen Knoblauch
150 g Hähnchenfleisch
6 EL Sojasoße
½ TL Chilisoße
50 g Shiitake-Pilze
2 Frühlingszwiebeln
2 EL Erdnüsse
2 EL Sesamsamen
3 EL Reiswein
1 EL Rohrzucker
50 g Sojabohnensprossen
2 TL Maisstärke
4 EL Wasser

Nährwerte p. P.
773 kcal
36 g Kohlenhydrate
66 g Fett
15 g Eiweiß

1 Schälen und hacken Sie den Knoblauch. Schneiden Sie das Fleisch in feine Stücke. Vermengen Sie Knoblauch, Hähnchen, Sojasoße und Chilisoße miteinander.

2 Waschen Sie die Pilze und die Frühlingszwiebel und hacken Sie alles fein. Zerkleinern Sie auch die Erdnüsse und braten Sie Pilze, Frühlingszwiebel und Erdnüsse zusammen in einem Wok, ohne Zugabe von Fett an.

3 Geben Sie jetzt die Hähnchen-Mischung, Sesamsamen, Reiswein, Zucker und Sojabohnensprossen hinzu.

4 Kochen Sie die Mischung kurz auf und lassen Sie sie anschließend abkühlen.

5 Vermengen Sie die Maisstärke mit dem Wasser in einer kleinen Schüssel.

6 Lassen Sie das Reispapier für 30 Minuten auftauen.

7 Legen Sie die Reispapiere so vor sich, dass immer eine Ecke zu Ihnen zeigt. Befüllen Sie die Rollen mit einem Esslöffel der Füllung. Rollen Sie das Papier jetzt von der unteren Ecke auf. Klappen Sie die seitlichen Ecken um.

8 Befeuchten Sie die Ecken und die länglichen Kanten der Rollen mit der Maisstärke-Mischung.

9 Befüllen Sie einen Wok oder einen großen Topf mit dem Öl.

10 Frittieren Sie die Frühlingsrollen darin, bis sie knusprig sind.

11 Servieren Sie die kalten oder noch warmen Rollen mit Soja- und Chilisoße.

Tipp: Die Füllung der Frühlingsrollen kann nach Belieben angepasst werden. Für vegetarische Varianten lassen Sie das Fleisch weg oder ersetzen es durch ein anderes Gemüse.

JI PANKO |

KNUSPRIGE HÄHNCHENSTREIFEN

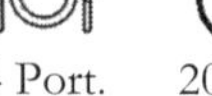

4 Port. | 20 Min. | Leicht

Zutaten

300 g Hähnchenfleisch
3 g Salz
½ TL weißer Pfeffer
10 ml Kochwein
10 g Speisestärke
300 g Pankopaniermehl
1 Liter Öl zum Frittieren

Nährwerte p. P.

103 kcal
6 g Kohlenhydrate
4 g Fett
11 g Eiweiß

1 Schneiden Sie das Hähnchenfleisch in feine Streifen.

2 Vermengen Sie Salz, Pfeffer, Kochwein und Speisestärke in einer großen Schüssel miteinander.

3 Geben Sie das Fleisch in die Marinade und lassen Sie es darin 10 Minuten ziehen.

4 Verteilen Sie das Paniermehl großflächig in einem tiefen Teller. Schwenken Sie das Hähnchenfleisch nun darin. Das Fleisch sollte gleichmäßig damit bedeckt sein.

5 Erhitzen Sie das Öl in einem großen Topf oder einer Fritteuse.

6 Frittieren Sie die Hähnchenstreifen kurz in dem Öl. Lassen Sie sie gründlich abtropfen. Erhitzen Sie das Öl erneut und frittieren Sie das Fleisch noch einmal.

7 Lassen Sie die Hähnchenstreifen gut abtropfen und servieren Sie sie heiß.

Tipp: Falls Sie kein Pankopaniermehl zur Hand haben, können die Hähnchenstreifen alternativ mit klassischem Paniermehl paniert werden.

JIAN BING |

CHINESISCHE CRÊPES

3 Crêpes

20 Min.

Leicht

Zutaten

100 g Weizenmehl
200 ml Wasser
1 Prise Salz
3 EL Öl
3 Eier
2 Frühlingszwiebeln
1 EL Sesamsamen
2 EL Sojabohnenpaste

Nährwerte p. P.

120 kcal
29 g Kohlenhydrate
12 g Fett
16 g Eiweiß

1 Vermengen Sie Mehl, Wasser und Salz in einer Schüssel zu einem glatten Teig.

2 Waschen und schneiden Sie die Frühlingszwiebel in Ringe.

3 Erhitzen Sie 1 EL Öl in einer großen Pfanne.

4 Geben Sie ⅓ des Teigs in das heiße Öl.

5 Sobald der Teig beginnt, zu garen, auf der Oberfläche also bereits etwas trocken ist, geben Sie ein verquirltes Ei, Frühlingszwiebeln, Sesamsamen und die Sojapaste darauf. Verteilen Sie alles gleichmäßig.

6 Wenden Sie den Crêpe in der Pfanne vorsichtig und braten Sie auch die Rückseite kurz an.

7 Verfahren Sie so mit den übrigen Zutaten, bis alle aufgebraucht sind.

Tipp: Die Crêpes können nach Belieben mit verschiedenen Zutaten belegt oder pur serviert werden.

XIANBING |

GEFÜLLTE FLEISCHBÄLLCHEN

 12 Bällchen

 90 Min.

 Mittel

Zutaten

Für den Teig:
450 g Mehl
1 Prise Salz
180 ml heißes Wasser
120 ml kaltes Wasser

Für die Füllung:
350 g Hackfleisch
1 EL Ingwer, gehackt
1 EL Shao-Xing-Wein
1 EL helle Sojasoße
1 EL dunkle Sojasoße
¼ TL Szechuan-Pfefferkörner, gemahlen
1 Zwiebel, gehackt
1 Möhre, gerieben
1 ½ TL Salz
1 EL Sesamsamen, geröstet

Außerdem:
Öl zum Anbraten

Nährwerte p. P.

224 kcal
34 g Kohlenhydrate
12 g Fett
11 g Eiweiß

1 Vermengen Sie Mehl, Salz und das heiße Wasser in einer Schüssel miteinander. Rühren Sie nach und nach das kalte Wasser unter.

2 Kneten Sie den Teig am besten mit den Händen oder einem Handrührgerät für mindestens 5 Minuten lang durch.

3 Wickeln Sie ihn jetzt in eine Folie und stellen Sie ihn für 2 Stunden in den Kühlschrank.

4 Bereiten Sie in der Zwischenzeit die Füllung vor. Vermengen Sie alle dafür vorgesehenen Zutaten miteinander.

5 Kneten Sie den vorbereiteten Teig nach der Ruhezeit noch einmal mit den Händen durch.

6 Formen Sie jetzt etwa 30 gleich große Kreise und rollen Sie sie 0,5 cm dick aus.

7 Bedecken Sie die Kreise mit 2 - 3 EL der Füllung. Die Kreise können jetzt, je nach Belieben, vollständig zugedeckt werden (ähnlich wie Ravioli) oder mit etwas Geschick zu einem Halbmond geformt werden, bei dem etwas Füllung herausragt.

8 Erhitzen Sie Öl in einem Wok.

9 Garen Sie die Fleischbällchen darin bei mittlerer Hitze für 3 Minuten von beiden Seiten. Sie sollten am Ende der Garzeit eine goldbraune Farbe haben.

Desserts

SAI MAI LOU |

SAGO-SUPPE

6 Port.

15 Min.

Leicht

Zutaten

200 g Sago-Perlen
250 ml Kokosmilch
200 ml Kondensmilch
100 g Zucker
200 ml Wasser
200 g Eiswürfel
2 Liter Wasser

Nährwerte p. P.

109 kcal
43 g Kohlenhydrate
8 g Fett
5 g Eiweiß

1 Weichen Sie die Sago-Perlen 5 Minuten lang in kaltem Wasser ein. Gießen Sie sie anschließend ab.

2 Bringen Sie 2 Liter Wasser zum Kochen. Garen Sie die Perlen darin für etwa 10 Minuten. Nehmen Sie den Topf nach dieser Zeit vom Herd und lassen Sie ihn zugedeckt für weitere 10 Minuten lang stehen.

3 Die Perlen sollten jetzt eine geleeartige Konsistenz haben.

4 Gießen Sie sie ab und lassen Sie sie in einem Sieb gut abtropfen.

5 Erhitzen Sie Kokosmilch, Kondensmilch, Zucker und Wasser in einem Topf. Nehmen Sie die Mischung vom Herd, sobald sie kocht.

6 Geben Sie sofort die Eiswürfel hinzu. Sobald diese geschmolzen sind, rühren Sie die Sago-Perlen unter.

7 Lassen Sie die Suppe jetzt für mindestens 3 Stunden im Kühlschrank ziehen.

8 Servieren Sie das Dessert am besten kalt.

Tipp: Dieses Grundrezept für Sago-Suppen kann nach Belieben mit verschiedenen Toppings garniert werden. Beliebt sind dabei Früchte wie Mangos, Wassermelone oder Papayas.

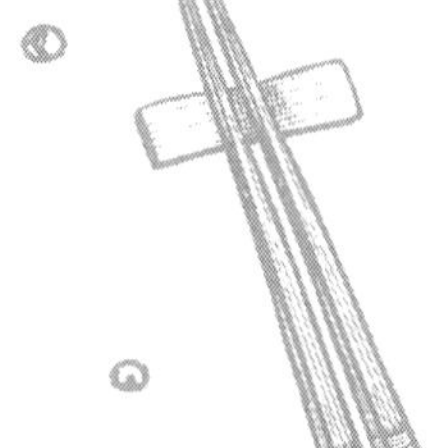

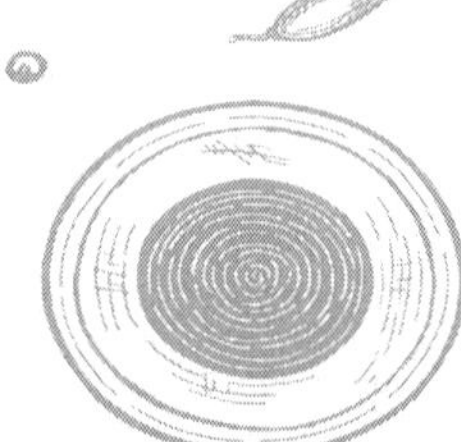

TAIYAKI |

FISCHWAFFELN MIT FÜLLUNG

6- 8 Waffeln

25 Min.

Leicht

Zutaten

2 Eier
50 g Zucker
25 g Honig
150 g Mehl
1 TL Backpulver
200 ml Milch
1 Prise Salz
Öl zum Einfetten

Nährwerte p. P.

150 kcal
14 g Kohlenhydrate
11 g Fett
4 g Eiweiß

1 Rühren Sie die Eier mit dem Zucker und dem Honig mit einem Handrührgerät schaumig.

2 Geben Sie Milch, Mehl, Salz und Backpulver hinzu und rühren Sie alles kurz zu einem glatten Teig.

3 Verarbeiten Sie den Teig portionsweise in einem heißen Taiyaki-Waffeleisen oder einem Taiyaki-Maker.

4 Fetten Sie dabei die Fisch-Formen immer wieder mit etwas Öl ein.

5 Die Waffeln sollten goldbraun gebacken werden. Das dauert je nach Gerät 3 - 4 Minuten.

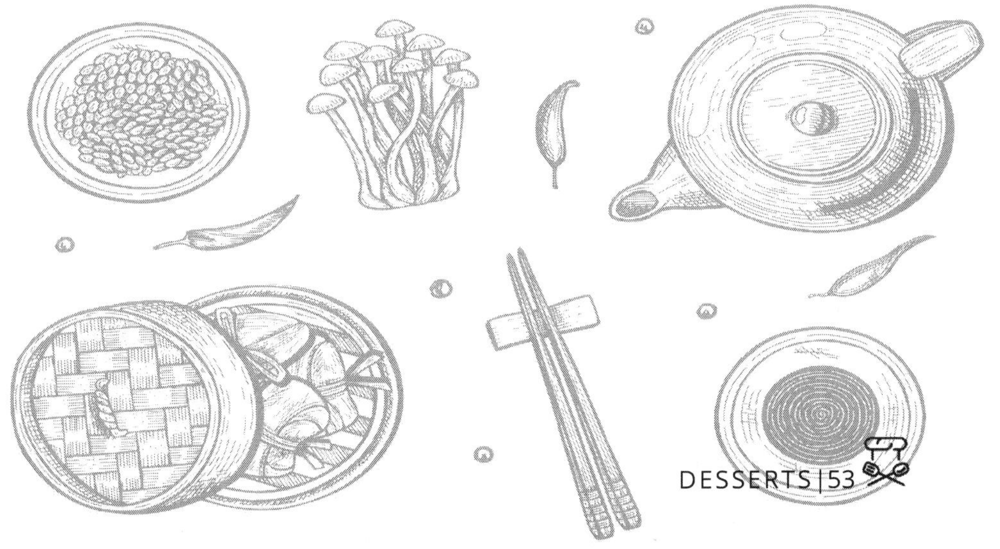

NIANGOA |

KLEBEREISKUCHEN

12 Stk. 45 Min. Leicht

Zutaten

400 g Klebereismehl
400 ml Milch
200 g Zucker
3 Eier
100 ml Öl
Nach Belieben: Sahne, Puderzucker

Nährwerte p. P.

309 kcal
45 g Kohlenhydrate
12 g Fett
17 g Eiweiß

1 Heizen Sie den Backofen auf 175 Grad Umluft vor.

2 Rühren Sie Mehl, Milch, Zucker, Eier und Öl in einer großen Schüssel zu einem glatten Teig. Das dauert in der Regel 2 – 3 Minuten. Es sollten keine Klumpen mehr im Teig sichtbar sein.

3 Geben Sie den Teig in eine eingefettete Backform oder Auflaufform.

4 Backen Sie den Kuchen für 30 – 35 Minuten im Backofen. Die Oberfläche sollte goldbraun sein.

5 Schneiden Sie den erkalteten Kuchen in gewünschte Formen und servieren Sie ihn mit Sahne oder Puderzucker.

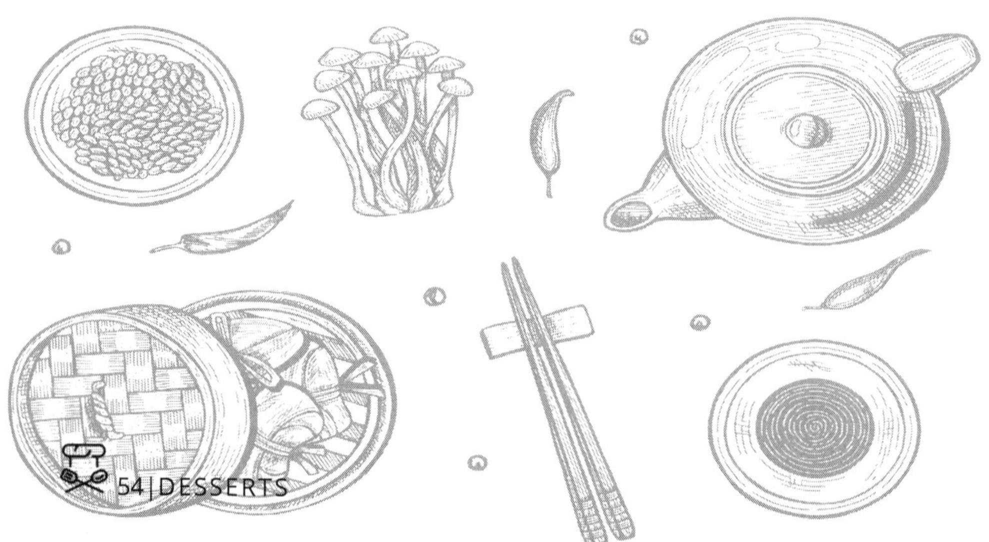

SHUIGUO NING |

MANDELQUARK MIT MANGO-BIRNEN-SALAT

6 Port.

25 Min.

Leicht

Zutaten

½ Liter Milch
½ Liter Schlagsahne
¼ Liter Wasser
200 g gemahlene Mandeln
100 g Zucker
10 Blätter Gelatine, weiß
Salz

Für den Obstsalat:
2 Mangos
2 Birnen
2 Limetten, gepresst
2 EL brauner Zucker

Nährwerte p. P.

334 kcal
43 g Kohlenhydrate
22 g Fett
18 g Eiweiß

1 Vermengen Sie Milch, Sahne, Wasser und die Mandeln in einem großen Topf.

2 Kochen Sie die Mischung kurz auf und geben Sie 1 Prise Salz hinzu.

3 Rühren Sie den Zucker ein und lassen Sie alles für 20 Minuten bei geringer Wärmezufuhr köcheln.

4 Weichen Sie die Gelatine in der Zwischenzeit in kaltem Wasser ein. Sie sollte dabei vollständig mit Wasser bedeckt sein.

5 Rühren Sie die Gelatine im Anschluss unter die Mandel-Mischung.

6 Geben Sie die Mischung in kleine Förmchen und stellen Sie sie für mindestens 2 Stunden in den Kühlschrank.

7 Bereiten Sie nun den Obstsalat zu. Schälen Sie die Mangos und Birnen und schneiden Sie sie in mundgerechte Stücke. Geben Sie den Limettensaft und den Zucker zu dem Obst und vermengen Sie alles, bis sich der Zucker vollständig aufgelöst hat.

8 Stürzen Sie den Quark auf einen Teller und servieren Sie ihn mit dem Mango-Birnen-Salat.

NAI HUANG BAO |

SÜẞE HEFEKLÖẞE MIT MILCH-EIER-CREME

Ca. 15 Teiglinge

50 Min.

Mittel

Zutaten

Für die Füllung:
2 Eier
2 Eigelbe
90 g Zucker
50 ml Milch
50 ml Sahne
1 Prise Salz
40 g Butter
50 g Weizenmehl (Typ 405)

Für den Teig:
400 g Weizenmehl (Typ 405)
200 ml Milch
½ Würfel frische Hefe

Außerdem:
Öl zum Bestreichen
1 Liter Wasser

Nährwerte p. P.

199 kcal
40 g Kohlenhydrate
12 g Fett
7 g Eiweiß

1 Rühren Sie zunächst Eier, Eigelbe, Milch, Zucker, Sahne und Salz in einer großen Schüssel schaumig.

2 Geben Sie nach und nach das Weizenmehl hinzu. Rühren Sie den Teig dabei ständig um. Es sollten keine Klumpen mehr darin schwimmen.

3 Erhitzen Sie die Butter in einer Pfanne und erwärmen Sie den Teig darin. Rühren Sie ihn dabei ständig um. Er sollte für etwa 7 - 15 Minuten bei geringer Wärmezufuhr erwärmt werden.

4 Geben Sie den Teig in eine Schüssel, verschließen Sie diese gut und lassen Sie ihn darin für 30 Minuten ruhen.

5 Bemehlen Sie in der Zwischenzeit eine Arbeitsfläche mit etwas Mehl. Kneten Sie darauf aus den Zutaten für den Teig eine glatte Masse für die Bao.

6 Formen Sie daraus etwa 15 Kugeln und geben Sie jeweils etwa 1 TL der Füllung hinein. Geben Sie die fertigen Bao auf ein Backblech oder einen großen Teller und lassen Sie diese für 30 Minuten ruhen. Ihre Größe sollte sich verdoppelt haben.

7 Bestreichen Sie die Bao mit Öl. Geben Sie die Teigbällchen auf einen Dämpfer, ohne ihn einzuschalten. Lassen Sie sie darin für weitere 15 Minuten ruhen.

8 Erhitzen Sie den Dämpfer nun auf höchster Stufe. Lassen Sie die Bao darin für 10 Minuten dämpfen. Schalten Sie das Gerät aus und warten Sie 5 Minuten, bis Sie den Deckel öffnen.

Tipp: Am besten servieren Sie die Nai Huan Bao warm. Der Teigsnack lässt sich gut einfrieren und ein weiteres Mal dämpfen.

YUEBING |

CHINESISCHER MONDKUCHEN

 5 Port.  30 Min.  Leicht

Zutaten

70 g Zuckersirup
5 EL Erdnussöl
1 TL Kansui
100 g Mehl
300 g Lotuspaste
5 Eigelbe, gesalzen
1 Ei

Nährwerte p. P.

202 kcal
25 g Kohlenhydrate
9 g Fett
6 g Eiweiß

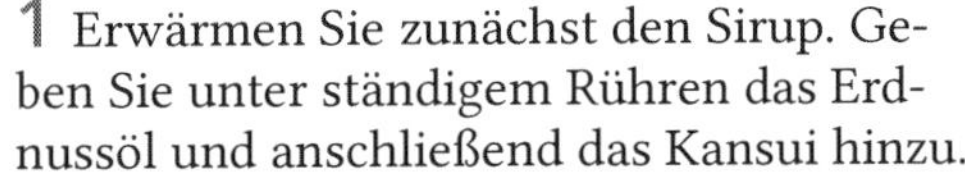

1 Erwärmen Sie zunächst den Sirup. Geben Sie unter ständigem Rühren das Erdnussöl und anschließend das Kansui hinzu.

2 Sieben Sie das Mehl in die Mischung und kneten Sie alles zu einem festen Teig.

3 Kneten Sie daraus eine Kugel und lassen Sie diese für 2 Stunden bei Zimmertemperatur ruhen.

4 Heizen Sie den Backofen auf 200 Grad Ober-/Unterhitze vor.

5 Formen Sie aus dem Teig 5 Kugeln.

6 Teilen Sie die Lotuspaste ebenfalls in 5 gleich große Kugeln.

7 Dämpfen Sie die Eigelbe nun getrennt voneinander in einer Dampfgarschale für 15 Minuten im Dämpfer.

8 Flachen Sie die Stücke der Lotuspaste ab, geben Sie jeweils ein Eigelb hinein und umschließen Sie es mit dem Teig.

9 Geben Sie jetzt den Ölteig darum. Er sollte die Kugeln vollständig umschließen. Drücken Sie den Teig im Anschluss in Mondkuchen-Formen. Alternativ können diese auch in anderen kleinen Backformen gebacken werden.

10 Backen Sie die Mondkuchen für 10 Minuten im vorgeheizten Backofen.

11 Verquirlen Sie das Ei. Bestreichen Sie die Mondkuchen mit dem Ei und backen Sie diese nochmals für 5 Minuten. Reduzieren Sie die Temperatur dabei auf 180 Grad.

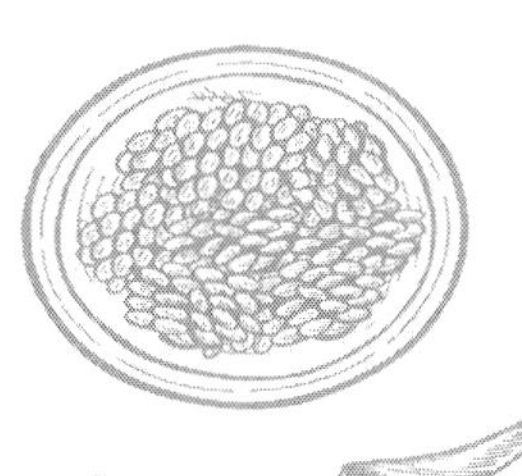

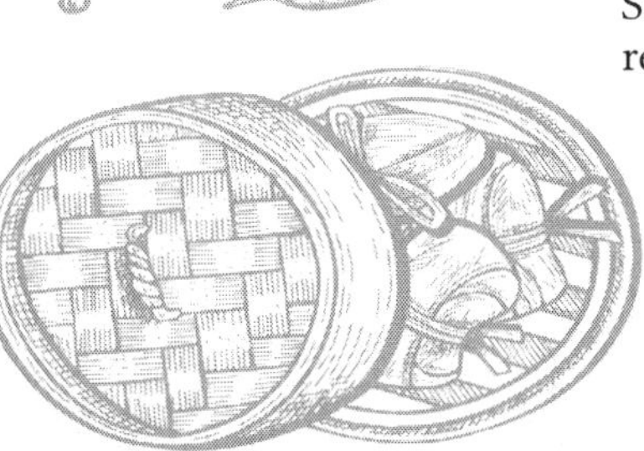

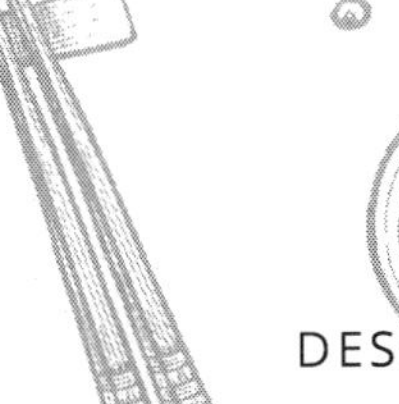

LUO BO GAO |

RETTICHKUCHEN

6 Stk. 90 Min. Mittel

Zutaten

550 g weißer Rettich
250 ml Wasser
5 kleine Shiitake-Pilze, getrocknet
1 EL Shrimps, getrocknet
1 Frühlingszwiebel
90 g Speckwürfel
180 g Reismehl
1 EL Maisstärke
1 TL Salz
½ EL Zucker
½ TL weißer Pfeffer, gemahlen

Außerdem:
Öl zum Anbraten

Nährwerte p. P.

340 kcal
180 g Kohlenhydrate
18 g Fett
9 g Eiweiß

1 Waschen Sie den Rettich, schälen Sie ihn und reiben Sie ihn klein.

2 Weichen Sie die Shiitake-Pilze und die Shrimps in etwas Wasser ein. Gießen Sie sie in einem Sieb ab, sobald sie etwas aufgeweicht sind.

3 Schneiden Sie Shrimps, Pilze und Frühlingszwiebeln klein.

4 Geben Sie den Rettich und das Wasser in einen Wok oder eine große Pfanne und köcheln Sie ihn darin bei geringer Wärmezufuhr für 10 Minuten. Lassen Sie die Mischung im Anschluss in einer Schüssel abkühlen.

5 Vermengen Sie währenddessen Reismehl, Maisstärke, mit Salz, Zucker und Pfeffer.

6 Geben Sie die Rettich-Mischung in die Maisstärke-Mischung und vermengen Sie alles miteinander.

7 Formen Sie aus dem entstandenen Teig einen Kuchen und garen Sie ihn im Dampfgarer bei mittlerer Hitze für 50 Minuten.

8 Erhitzen Sie 3 EL Öl in dem Wok. Dünsten Sie Shrimps, Pilze, Frühlingszwiebeln und Speckwürfel darin für 5 Minuten an.

9 Schneiden Sie den Rettichkuchen in Stücke und garnieren Sie ihn mit der zuletzt angebratenen Mischung.

Getränke

BAI CHA |

WEIßER TEE

1 Kanne 5 Min. Leicht

Zutaten

10 g weißer Tee
500 ml Wasser

Nährwerte p. P.

0 kcal
0 g Kohlenhydrate
0 g Fett
0 g Eiweiß

1 Erhitzen Sie das Wasser auf 75 - 80 Grad.

2 Geben Sie den Tee in eine Porzellan- oder Glas-Teekanne.

3 Übergießen Sie den Tee dreimal jeweils mit ⅓ des Wassers.

4 Lassen Sie den Tee dabei jeweils für 40 – 60 Sekunden ziehen.

5 Nach dem dritten Aufguss ist der Tee sofort genießbar.

Tipp: Der weiße Tee wird in China, anders als in Europa, immer dreimal aufgegossen. So können alle enthaltenen Aromen ihre volle Wirkung entfalten.

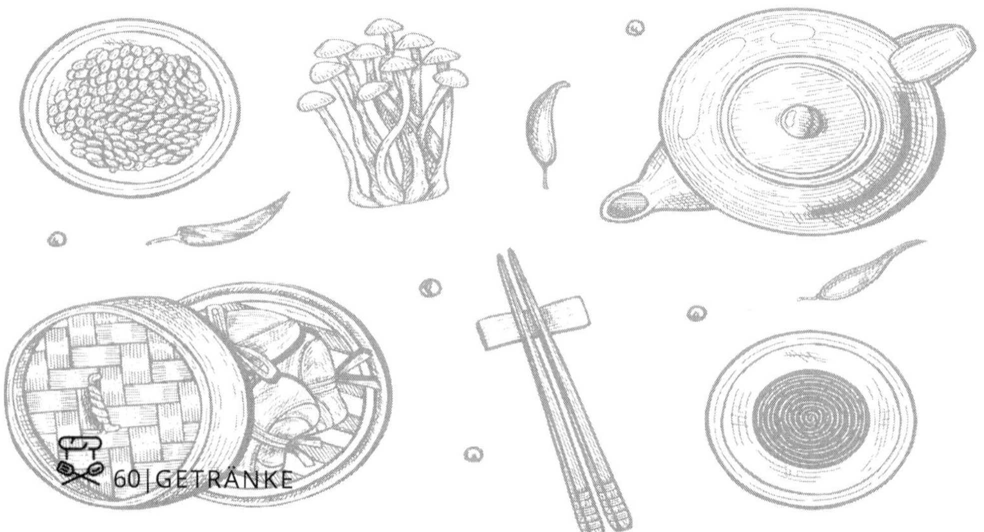

WU LUNG CHA |

OOLONG-TEE

1 Kanne

10 Min.

Leicht

Zutaten

1 Liter Wasser
10 g Oolong-Teeblätter

Nährwerte p. P.

0 kcal
3 g Kohlenhydrate
0 g Fett
0 g Eiweiß

1 Erhitzen Sie das Wasser auf 85 Grad.

2 Geben Sie die Teeblätter direkt in eine Teekanne und übergießen Sie sie zunächst mit der Hälfte des Wassers. Lassen Sie den Tee nach diesem ersten Aufguss genau 3 Minuten ziehen.

3 Übergießen Sie den Tee jetzt mit dem übrigen Wasser und lassen Sie ihn für weitere 4 Minuten ziehen.

Tipp: Für einen stärkeren Teegenuss können bis zu 12 g Teeblätter auf einem Liter Wasser verwendet werden.

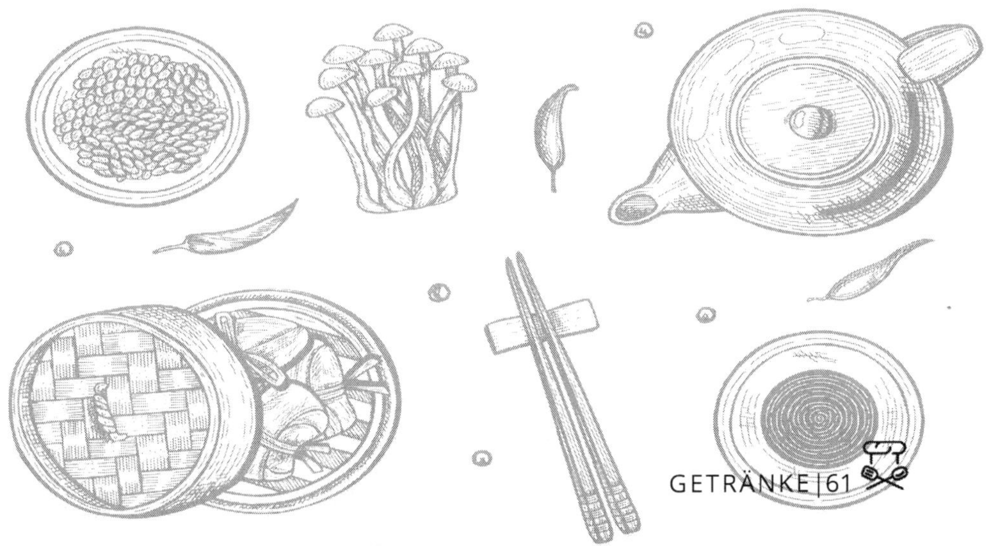

MIJIU |

REISWEIN

1,5 l.

48 Std.

Mittel

Zutaten

700 g Klebereis
10 g Reisweinhefe
520 ml Wasser

Nährwerte p. P.

192 kcal
2 g Kohlenhydrate
1 g Fett
0 g Eiweiß

1 Lassen Sie den Klebereis in ausreichend Wasser über Nacht einweichen.

2 Geben Sie ihn anschließend in ein Baumwolltuch. Kochen Sie den Reis darin eingewickelt in einem Dampfgarer für 30 Minuten bei mittlerer Wärmezufuhr.

3 Lassen Sie den Reis nach dieser Zeit auf etwa 30 Grad abkühlen.

4 Zerdrücken Sie die Hefe und lösen Sie sie im Wasser auf.

5 Rühren Sie die Hefemischung unter den Reis.

6 Bedecken Sie die Mischung mit einem dünnen Tuch (nicht vollständig luftdicht verschließen).

7 Lassen Sie den Reis für 36 - 48 Stunden gären.

8 Umfüllen und im Kühlschrank (nicht vollständig verschlossen) aufbewahren.

Tipp: Der Reiswein ist mindestens eine Woche haltbar. Er wird in China zum Kochen verwendet, aber auch als alkoholisches Getränk serviert.

KOMBU-CHA |

KOMBUCHA, FERMENTIERTER TEE

Ca. 800 ml. 20 Min. Leicht

Zutaten

2 EL Schwarztee
500 ml Wasser
110 g Zucker
330 ml Kombucha (unpasteurisiert)

Nährwerte p. P.

292 kcal
88 g Kohlenhydrate
1 g Fett
4 g Eiweiß

1 Erhitzen Sie das Wasser auf 80 Grad. Übergießen Sie den Schwarztee mit dem Wasser und lassen Sie ihn für 10 Minuten ziehen.

2 Lassen Sie ihn anschließend einige Minuten lang abkühlen.

3 Geben Sie den Tee in ein großes Gefäß und rühren Sie den Kombucha und Zucker unter.

4 Bedecken Sie das Gefäß mit einem trockenen Baumwolltuch.

5 Lassen Sie die Mischung für 2 – 3 Wochen ruhen.

Tipp: Nach 4 bis 6 Tagen bildet sich eine gelartige Masse auf dem Tee. Dieser sogenannte Scoby kann für zukünftigen Kombucha verwendet werden.

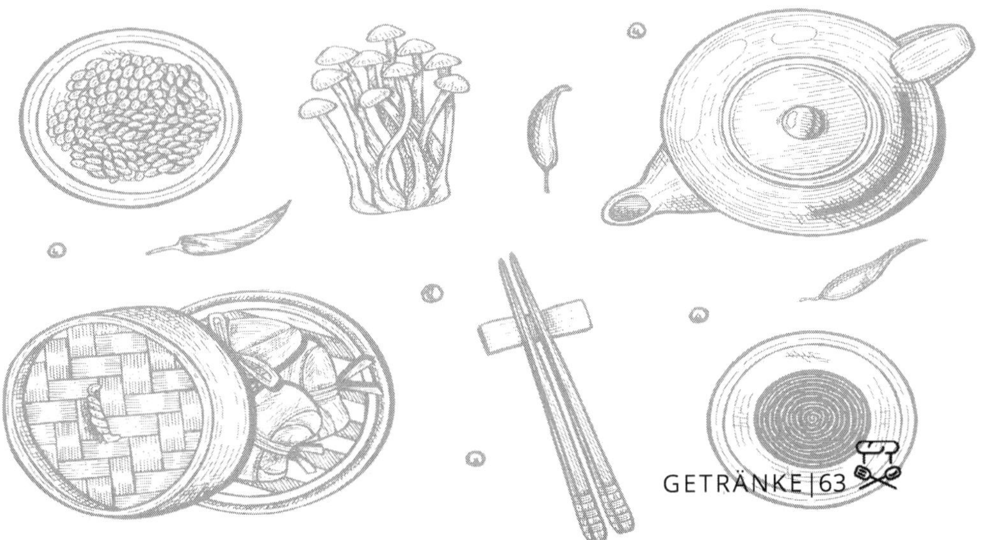

MEI JIAN |

PFLAUMENSCHNAPS

1 l.

20 Min.

Leicht

Zutaten

1 kg Pflaumen
0,5 Liter weißer Rum
0,7 Liter Kornbrand (40 %)
400 g Kandiszucker
4 Gewürznelken

Nährwerte p. P.

320 kcal
48 g Kohlenhydrate
20 g Fett
5 g Eiweiß

1 Waschen Sie die Pflaumen gründlich. Entsteinen und halbieren Sie sie.

2 Vermengen Sie alle Zutaten in einem großen Gefäß miteinander.

3 Lassen Sie die Mischung an einem warmen, dunklen Ort für 4 - 6 Wochen ruhen.

4 Filtern Sie den Schnaps nach dieser Zeit durch ein sauberes Baumwolltuch.

5 Schmecken Sie den Schnaps ab und verdünnen Sie ihn, falls notwendig, mit Wasser oder einer Zuckermischung.

6 Lassen Sie das Getränk jetzt für mindestens einen Monat nachreifen.

Tipp: Dieser starke Schnaps wird in China traditionell nach einem Abendessen als Absacker serviert.

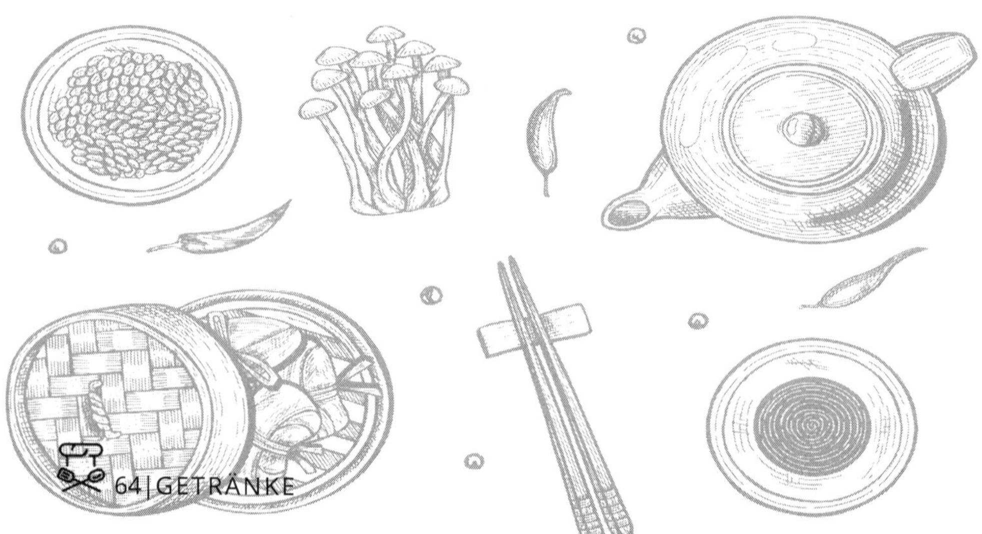

SUAN MEI TANG |

SAURER PFLAUMENTEE

2 l. 45 Min. Leicht

Zutaten

2,5 Liter Wasser
100 g getrockneter Weißdorn
100 g getrocknete saure Pflaumen
10 g getrocknete Orangenschalen
10 g Lakritzwurzel
10 g Hibiskusblütentee
3 g getrocknete Osmathusblüte
100 g Zucker

Nährwerte p. P.

48 kcal
12 g Kohlenhydrate
5 g Fett
4 g Eiweiß

1 Waschen Sie alle trockenen Zutaten, bis auf den Zucker, gründlich ab.

2 Weichen Sie sie jetzt für 1 Stunde in dem Wasser ein.

3 Bringen Sie die Mischung jetzt zum Kochen. Eine Minute lang sprudelnd kochen. Reduzieren Sie die Hitze danach sofort auf mittlere Stufe.

4 Lassen Sie alles für 45 Minuten ohne Deckel kochen.

5 Rühren Sie jetzt den Zucker unter und lassen Sie den Tee abkühlen.

Tipp: Lagern Sie den Tee im Kühlschrank. Dort ist er mindestens 3 Tage haltbar. Der Pflaumentee kann warm oder kalt serviert werden.

Soßen, Cremes & Dips

SZECHUAN JIANG |

SZECHUAN-SOßE

4 Port.

15 Min.

Leicht

Zutaten

350 ml Hühnerbrühe
70 ml Sojasoße
70 ml Shao-Xing-Reiswein
1 EL Fischsoße
1 EL Reisessig
3 EL brauner Zucker
2 EL Honig
2 EL Maisstärke
½ Chilischote, klein gehackt
4 Zehen Knoblauch, gepresst
2 TL Ingwer, fein gehackt
1 TL Szechuan-Pfefferkörner, gemahlen

Nährwerte p. P.

11 kcal
4 g Kohlenhydrate
1 g Fett
1 g Eiweiß

1 Vermengen Sie zunächst die Hühnerbrühe mit der Maisstärke.

2 Bringen Sie alle anderen Zutaten in einem Topf zum Kochen. Lassen Sie sie für 10 Minuten bei geringer Wärmezufuhr köcheln.

3 Rühren Sie jetzt die Speisestärke-Mischung unter. Kochen Sie die Soße für weitere 5 Minuten. Rühren Sie sie dabei regelmäßig um.

4 Sobald sie andickt und ihre Oberfläche glänzt, ist sie fertig.

Tipp: Die Soße passt zu Fleisch, Reis und Nudeln. Sie kann sowohl warm als auch kalt serviert werden.

PINYIN |

HOISIN-SAUCE

6 Port. 5 Min. Leicht

Zutaten

4 EL Dattelmus
2 EL Erdnussmus
1 EL Ahornsirup
½ EL Melasse
2 EL Sojasoße
2 EL Reisessig
1 TL Sesamöl
½ TL Sriracha-Soße
1 Zehe Knoblauch
½ TL Fünf-Gewürze-Pulver
½ TL Maisstärke

Nährwerte p. P.

57 kcal
4 g Kohlenhydrate
1 g Fett
1 g Eiweiß

1 Vermengen Sie alle Zutaten, bis auf die Maisstärke, miteinander. Verwenden Sie dafür einen Schneebesen, eine Gabel oder den Mixer.

2 Kochen Sie die Soße in einem kleinen Topf unter ständigem Rühren kurz auf. Rühren Sie dabei nach und nach die Maisstärke unter, bis die gewünschte Konsistenz erreicht ist.

Tipp: Wer die Soße lieber etwas flüssiger mag, kann die Maisstärke und den Kochvorgang weglassen. Die Soße wird in China traditionell zu Sommerrollen, Frühlingsrollen oder Teigtaschen gereicht.

TAHINI DIP |
SESAMPASTE

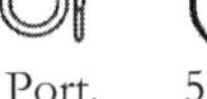

8 Port. 5 Min. Leicht

Zutaten

60 g Tahini
2 EL Zitronensaft
2 TL Ahornsirup
1 TL Sesamöl
1 TL Dijon-Senf
2 Zehen Knoblauch
½ TL Meersalz
40 ml Wasser
Nach Belieben: Pfeffer, Kreuzkümmel, Zwiebelpulver, Petersilie, Schnittlauch

Nährwerte p. P.

56 kcal
8 g Kohlenhydrate
9 g Fett
2 g Eiweiß

1 Verrühren Sie alle angegebenen Zutaten zu einer glatten Creme.

2 Schmecken Sie den Dip nach Belieben mit Pfeffer, Kreuzkümmel, Zwiebelpulver, Petersilie oder Schnittlauch ab.

Tipp: Dieser Dip schmeckt hervorragend zu frittiertem Fingerfood oder einem Salat.

HAOYOU |

AUSTERNSOẞE

10 Port. 5 Min. Leicht

Zutaten

die Flüssigkeit von 250 g geöffneten Austern
1 EL Wasser
¼ TL Salz
1 EL Zucker
3 - 4 EL helle Sojasoße
1 - 2 EL dunkle Sojasoße

Nährwerte p. P.

62 kcal
6 g Kohlenhydrate
4 g Fett
5 g Eiweiß

1 Vermengen Sie alle angegebenen Zutaten zu einer Soße, bis sich der Zucker vollständig aufgelöst hat.

2 Schmecken Sie die Soße nach Belieben mit den Sojasoßen ab.

Tipp: Im Kühlschrank ist die Soße mindestens eine Woche lang haltbar.

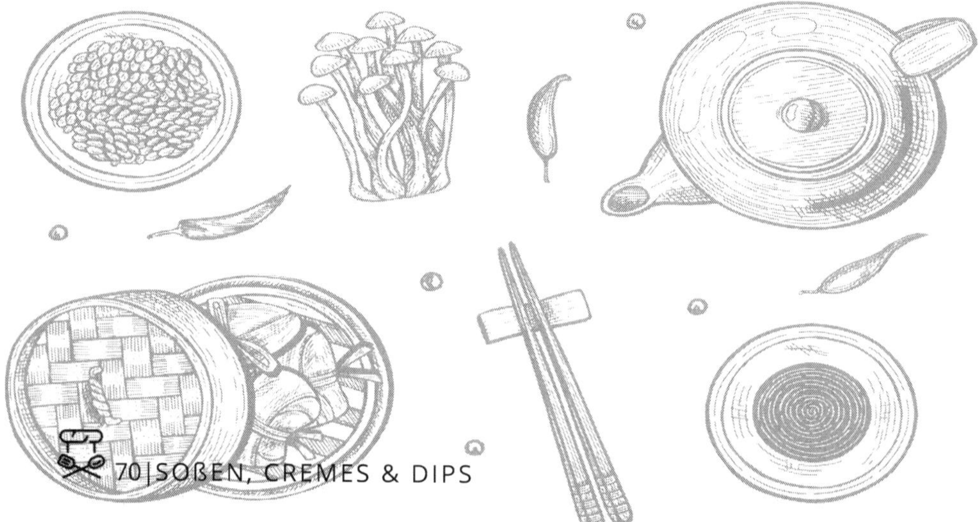

KETJAP MANIS |

SÜßE SOJASOßE

8 Port.

20 Min.

Leicht

Zutaten

10 g Ingwer
½ TL Korianderkörner
100 ml dunkle Sojasoße
80 g brauner Zucker
½ Sternanis
2 Nelken
1 Zimtstange

Nährwerte p. P.

69 kcal
9 g Kohlenhydrate
6 g Fett
3 g Eiweiß

1 Schälen Sie den Ingwer und reiben Sie ihn. Mörsern Sie die Korianderkörner.

2 Vermengen Sie jetzt alle Zutaten miteinander und kochen Sie sie in einem kleinen Topf bei geringer Wärmezufuhr auf.

3 Lassen Sie die Mischung kochen, bis sie eine sirupartige Konsistenz entwickelt hat. Das dauert etwa 5 Minuten.

4 Sieben Sie die verbliebenen Gewürze mit einem feinen Sieb aus.

5 Lassen Sie die Soße abkühlen und lagern Sie sie im Kühlschrank.

Tipp: Auch mit gefrorener Ananas statt Beeren schmeckt dieser Smoothie zum Löffeln richtig toll.

DIM SUM |

WÜRZIGE SÜßSAUER-SOßE

6 Port. 10 Min. Leicht

Zutaten

6 EL dunkle Sojasoße
4 EL Reiswein
1 EL Zucker
2 Chilischoten, klein gehackt
4 Zweige Koriander

Nährwerte p. P.

22 kcal
8 g Kohlenhydrate
1 g Fett
1 g Eiweiß

1 Waschen Sie die Chilischoten und den Koriander gut ab.

2 Vermengen Sie alle Zutaten zu einer Soße und lassen Sie sie für mindestens 10 Minuten im Kühlschrank ziehen.

Tipp: Auch diese süßsaure Soße kann zu Teigtaschen jeglicher Art serviert werden.

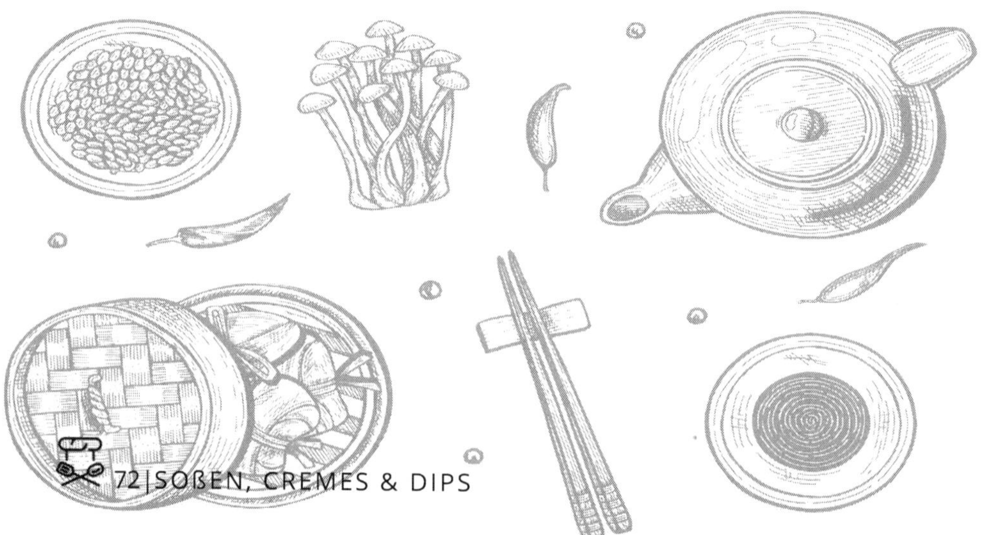

Chinesische Rezepte nach Szechuan Art

MAPO DOFU |

MAPO-TOFU MIT REIS UND HACKFLEISCH

2 Port. 35 Min. Leicht

Zutaten

250 g Hackfleisch
1 EL Öl
400 g Tofu
2 Frühlingszwiebeln
5 g Ingwer
2 Zehen Knoblauch

Für die Soße:
2 ½ EL Ladoubanjiang
2 EL Mirin
1 EL Miso-Paste
1 EL Austernsoße
1 TL Sojasoße
1 TL Sesamöl, geröstet
1 TL Maisstärke
4 EL Wasser

1 Gießen Sie den Tofu in einem Sieb ab, bis die Flüssigkeit vollständig abgetropft ist.

2 Vermengen Sie in der Zwischenzeit alle Zutaten für die Soße miteinander.

3 Schälen und pressen Sie Ingwer und Knoblauch. Schneiden Sie die Frühlingszwiebeln nach dem Waschen in feine Ringe.

4 Schneiden Sie den Tofu in mundgerechte Würfel. Erhitzen Sie das Öl in einer Pfanne.

5 Dünsten Sie Knoblauch, Ingwer und Hackfleisch darin an.

6 Rühren Sie die Soße unter, sobald das Fleisch gar ist.

7 Heben Sie jetzt vorsichtig den Tofu und die Frühlingszwiebeln unter.

Nährwerte p. P.

180 kcal
32 g Kohlenhydrate
23 g Fett
21 g Eiweiß

KUNG PAO |

SCHARFES HÄHNCHEN MIT ERDNÜSSEN

2 Port.

15 Min.

Leicht

Zutaten

Für die Marinade:
300 g Hähnchenfleisch
2 TL dunkle Sojasoße
1 TL Reiswein
1 Eiweiß
1 TL Wasser
1 Prise weißer Pfeffer
2 TL Erdnussöl
2 TL Speisestärke

Für die Kung-Pao-Soße:
2 TL Zucker
2 TL Speisestärke
3 TL helle Sojasoße
2 TL Reisessig
1 TL Erdnussöl
2 EL Hühnerbrühe

Außerdem:
4 EL Öl
80 g Erdnüsse
1 TL Szechuan-Pfeffer
2 - 3 rote Chilischoten
3 Zehen Knoblauch
15 g Ingwer
6 Frühlingszwiebeln

Nährwerte p. P.

348 kcal
9 g Kohlenhydrate
26 g Fett
19 g Eiweiß

1 Bereiten Sie zunächst die Marinade für das Hähnchenfleisch zu. Vermengen Sie dafür alle Zutaten, die dafür vorgesehen sind, in einer großen Schüssel. Schneiden Sie das Fleisch in mundgerechte Stücke und legen Sie es für 30 Minuten in die Marinade ein.

2 Bereiten Sie in der Zwischenzeit die Kung-Pao-Soße vor. Vermengen Sie dafür alle Zutaten in einer Schüssel so lange miteinander, bis eine stabile Bindung entsteht.

3 Schneiden Sie die Chilischoten und Ingwer in feine Streifen. Hacken Sie den Knoblauch und die Frühlingszwiebeln ebenfalls klein.

4 Erhitzen Sie nun das Öl in einem Wok. Rösten Sie die Erdnüsse darin kurz an. Rühren Sie sie dabei ständig um. Geben Sie Szechuan-Pfeffer, Chilischoten, Ingwer, Knoblauch und Frühlingszwiebeln hinzu.

5 Braten Sie alles etwa für 3 Minuten gemeinsam an.

6 Nehmen Sie die Gewürzmischung anschließend aus dem Wok.

7 Braten Sie in dem zurückgebliebenen Öl jetzt das Fleisch an. Sobald es durchgegart ist, geben Sie die Gewürzmischung wieder hinzu und vermengen alles noch einmal miteinander. Kurz vor dem Servieren geben Sie die Kun-Pao-Soße über die Mischung.

Tipp: Zu diesem traditionellen Gericht schmeckt am besten Jasminreis.

BANG BANG CHICKEN |

HÄHNCHEN-SALAT SZECHUAN

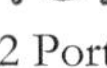

2 Port. 30 Min. Leicht

Zutaten

400 ml Hühnerbrühe
1 TL Salz
2 Stücke Hähnchenbrust
½ Gurke
1 Frühlingszwiebel
1 Handvoll Sprossen
1 Chilischote (ohne Kerne)
1 EL geröstete Sesamsamen

Für das Dressing:
1 TL Szechuan-Pfeffer
1 EL geröstete Sesamsamen
1 TL brauner Zucker
7 g Ingwer
1 EL Sesamöl, geröstet
1 EL Reiswein
2 EL helle Sojasoße
1 TL Chilipaste

Nährwerte p. P.

322 kcal
10 g Kohlenhydrate
8 g Fett
22 g Eiweiß

1 Bringen Sie die Hühnerbrühe mit dem Salz in einem großen Topf zum Kochen.

2 Geben Sie die Hühnerbrust in die kochende Brühe und lassen Sie diese bei geringer Wärmezufuhr für 10 Minuten köcheln.

3 Waschen Sie in der Zwischenzeit die Gurke und schneiden Sie sie in feine Streifen.

4 Vermengen Sie sie gemeinsam mit den Sprossen und der in Ringe geschnittenen Frühlingszwiebel in einer großen Schüssel.

5 Stellen Sie nun das Dressing her. Vermengen Sie dafür alle Zutaten in einer Schüssel und lassen Sie die Mischung für 10 Minuten durchziehen.

6 Zerkleinern Sie das gekochte Hähnchen. Vermengen Sie es mit der Gurken-Mischung und geben Sie das Dressing darauf.

7 Zerkleinern Sie die Chilischote und geben Sie sie mit den Sesamsamen als Topping auf den Salat.

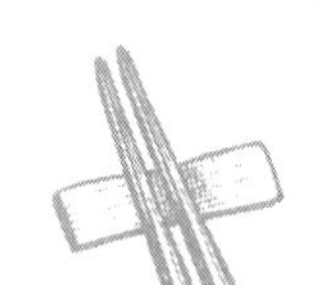

NIUROU |

SCHARFE RINDFLEISCHZUBEREITUNG

2 Port.

35 Min.

Leicht

Zutaten

Für die Marinade:
400 g Rindfleisch
2 EL Sojasoße
2 Zehen Knoblauch
15 g Ingwer
1 TL Chilischote
1 EL Reisessig
1 EL Reiswein
1 EL Speisestärke
1 Eiweiß
1 EL Erdnussöl

Für die Gemüsemischung:
1 rote Paprika
1 rote Zwiebel
⅓ Brokkoli
3 Möhren
3 Frühlingszwiebeln

Außerdem:
4 EL Sojasoße
1 EL Reiswein
1 TL Zucker
3 EL Öl
Szechuan-Pfeffer

Nährwerte p. P.

275 kcal
28 g Kohlenhydrate
9 g Fett
26 g Eiweiß

1 Bereiten Sie zunächst das Gemüse vor. Waschen Sie Paprika und Möhren und schneiden Sie sie in dünne Streifen. Schälen Sie die Zwiebel und schneiden Sie diese in Ringe. Schneiden Sie auch die Frühlingszwiebeln in Ringe. Brechen Sie den Brokkoli in Röschen.

2 Bereiten Sie jetzt die Marinade vor. Vermengen Sie dafür alle vorgesehenen Zutaten in einer Schüssel. Schneiden Sie das Rindfleisch in feine Streifen und geben Sie es für etwa 30 Minuten in die Marinade. Lagern Sie die Schüssel währenddessen geschlossen im Kühlschrank.

3 Erhitzen Sie das Öl in einem Wok. Braten Sie das Rindfleisch darin für rund 5 Minuten an. Nehmen Sie es anschließend aus dem Wok heraus.

4 Braten Sie nun die Gemüsemischung in dem zurückgebliebenen Öl an. Sobald das Gemüse nach 1 - 2 Minuten eine schöne Farbe bekommen hat, geben Sie das Fleisch wieder hinzu.

5 Schmecken Sie die Mischung zum Abschluss mit Sojasoße, Reiswein, Zucker und Pfeffer ab.

Tipp: Wer das Gemüse etwas weicher mag, sollte es etwas länger anbraten. Dazu schmecken Jasminreis oder Nudeln.

HONG YOU CHAO SHOU |

SCHARFE WONTONS

50 Wontons

60 Min.

Mittel

Zutaten

500 g Hackfleisch vom Schwein
500 g Wan-Tan-Teigblätter (etwa 50 Stück)
4 Frühlingszwiebeln
10 g Ingwer
1 Ei
2 EL Sojasoße
2 EL Austernsoße
1 EL Shao-Xing-Wein
2 EL Sesamöl, geröstet
½ TL Pfeffer, weiß
½ TL Zucker
½ TL Salz
2 EL Chiliöl
1 Zehe Knoblauch
1 TL Reisessig
1 TL Sesamöl, geröstet
1 EL Sojasoße
½ TL Szechuan-Pfeffer

Zum Garnieren:

Frühlingszwiebeln

Nährwerte p. P.

109 kcal
24 g Kohlenhydrate
12 g Fett
6 g Eiweiß

1 Waschen und schneiden Sie die Frühlingszwiebeln in feine Ringe. Reiben Sie den Ingwer.

2 Vermengen Sie Hackfleisch, Frühlingszwiebeln, Ingwer, Ei, Sojasoße, Austernsoße, Wein, Sesamöl, Pfeffer, Zucker und Salz miteinander. Dabei sollte eine klebrige Masse entstehen.

3 Geben Sie jeweils etwa 1 EL dieser Mischung auf ein Teigblatt. Falten Sie alle Ecken übereinander.

4 Erhitzen Sie einen großen Topf mit Wasser. Garen Sie die Wontons darin für etwa 8 - 10 Minuten. Das Wasser sollte dabei nicht sprudelnd kochen.

5 Vermengen Sie in der Zwischenzeit alle übrigen Zutaten zu einer Soße.

6 Servieren Sie die Teigtaschen mit der Soße und einigen Frühlingszwiebeln.

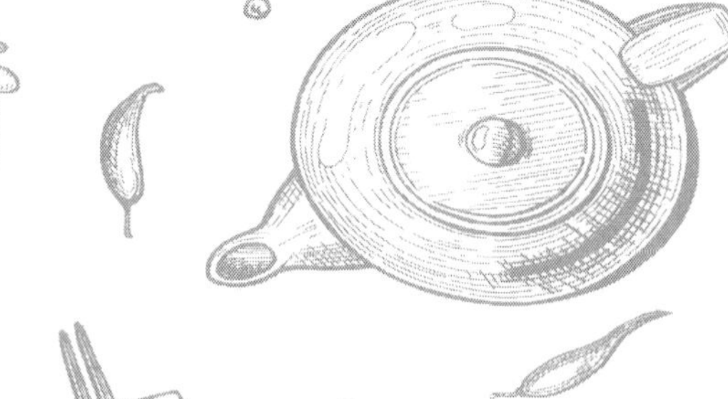

BANG BANG JI SI |

SZECHUAN-HÄHNCHENSALAT

2 Port.

90 Min.

Leicht

Zutaten

1 Hähnchenbrust mit Haut und Knochen
4 Zehen Knoblauch, grob zerkleinert
4 Frühlingszwiebeln
10 g Ingwer, fein gerieben
1 TL Szechuan-Pfeffer
½ EL Zucker
1 TL Sesamsamen
½ EL Sesampaste
½ EL Sojasoße
2 TL Chinkiang-Essig
1 EL Chiliöl

Zum Garnieren:
Sesamsamen
1 Frühlingszwiebel, in Ringe geschnitten

Nährwerte p. P.

240 kcal
70 g Kohlenhydrate
13 g Fett
11 g Eiweiß

1 Erhitzen Sie ein Wasserbad auf 65 Grad.

2 Würzen Sie das Hähnchenfleisch nach Belieben.

3 Vakuumieren Sie das Fleisch in einem Beutel mit der Hälfte des Knoblauchs, der Hälfte der Frühlingszwiebeln und dem gesamten Ingwer.

4 Garen Sie das Fleisch in dem Vakuumbeutel für 2 Stunden bei 65 Grad.

5 Mörsern Sie in der Zwischenzeit den Pfeffer und vermengen Sie ihn anschließend mit allen übrigen Zutaten.

6 Nehmen Sie das Fleisch nach der Garzeit aus dem Beutel. Rühren Sie 2 EL des ausgetretenen Fleischsafts unter die Soße.

7 Entfernen Sie die Haut und die Knochen vom Fleisch. Schneiden Sie es in dünne Streifen.

8 Servieren Sie das Fleisch mit der Soße und garnieren Sie es mit Sesamsamen und den Frühlingszwiebeln.

Rezepte aus der Chongping Küche

LA ZI JI |

SCHARFES CHONGQING-HÄHNCHEN

4 Port.

40 Min.

Leicht

Zutaten

12 Chilischoten, getrocknet
500 g dunkles Hähnchenfleisch
1 EL Reiswein
1 EL Sojasoße
½ TL Salz
4 EL Maisstärke
250 ml Öl
150 ml Caiziyou
1 TL Szechuan-Pfeffer
2 EL Szechuan-Chili, gemahlen
4 EL Zhacai, gehackt
3 Schalotten, fein gewürfelt
1 TL Zucker
½ Hühnerbrühe

Nährwerte p. P.

380 kcal
39 g Kohlenhydrate
26 g Fett
22 g Eiweiß

1 Halbieren Sie die Chilischoten der Länge nach und entfernen Sie die Kerne. Schneiden Sie die Chilis in kleine Stücke.

2 Zerkleinern Sie das Hähnchenfleisch in mundgerechte Stücke. Marinieren Sie es in Reiswein, Sojasoße und Salz. Lassen Sie es für mindestens 15 Minuten in der Marinade ziehen. Schütten Sie überschüssige Flüssigkeit nach dieser Zeit ab.

3 Erhitzen Sie das Öl in einem Wok. Frittieren Sie das Fleisch darin portionsweise.

4 Geben Sie die Hähnchenstücke nach dem Frittieren sofort in die Maisstärke. Frittieren Sie sie danach erneut in dem Öl.

5 Lassen Sie das Fleisch anschließend auf Küchenpapier abtropfen.

6 Reinigen Sie den Wok und erhitzen Sie ihn erneut ohne Öl.

7 Dünsten Sie jetzt Caiziyou,Pfeffer, Chilis, Zhacai, Schalotten, Zucker und Hühnerbrühe darin an.

8 Geben Sie das Fleisch wieder in den Wok. Vermengen Sie die Mischung kurz miteinander.

9 Servieren Sie das Fleisch zu Reis oder Nudeln.

JIAOZI | KLASSISCHE DUMPLINGS

30 Jiaozi 45 Min. Mittel

Zutaten

Für den Teig:
360 g Mehl
160 ml Wasser

Für die Füllung:
2 EL Sonnenblumenöl
2 TL Szechuan-Pfeffer
1 EL Sesamöl
100 g Sellerie
2 Möhren
1 Frühlingszwiebel
2 TL geriebener Ingwer
280 g Hackfleisch vom Schwein
1 TL Zucker
1 TL Salz
1 EL Austernsoße
2 EL Sojasoße
4 EL Reiswein
60 ml Wasser

Nährwerte p. P.

89 kcal
26 g Kohlenhydrate
12 g Fett
8 g Eiweiß

1 Bereiten Sie zunächst den Teig zu. Vermengen Sie dafür Wasser und Mehl in einer großen Schüssel. Kneten Sie die Masse mit den Knethaken eines Handrührgeräts für 10 Minuten zu einem glatten Teig.

2 Formen Sie anschließend eine Kugel und lassen Sie diese für 1 Stunde bei Zimmertemperatur ruhen.

3 Bereiten Sie in der Zwischenzeit die Füllung zu. Schälen und reiben Sie Sellerie und Möhren. Schneiden Sie die Frühlingszwiebeln in feine Ringe.

4 Erhitzen Sie das Sonnenblumenöl in einer Pfanne. Dünsten Sie den Szechuan-Pfeffer darin kurz bei starker Hitze an. Lassen Sie ihn anschließend bei abgeschaltetem Herd 10 Minuten im Öl ziehen. Füllen Sie das Öl danach um.

5 Erhitzen Sie jetzt das Sesamöl in der Pfanne. Dünsten Sie Sellerie, Möhre, Frühlingszwiebel, Ingwer und Hackfleisch darin an.

6 Löschen Sie die Mischung mit Zucker, Salz, Austernsoße, Sojasoße, Reiswein und Wasser ab.

7 Füllen Sie die Jiaozi-Fülllung in eine große Rührschüssel um und kneten Sie diese 5 Minuten lang mit den Händen, bis diese vollständig abgekühlt ist. Rühren Sie jetzt das erkaltete Pfeffer-Öl unter.

8 Formen Sie aus dem Teig dünne Kreise. Befüllen Sie diese mit ca. 1 EL der Füllung. Dämpfen Sie die Jiaozi im Dämpfer bei mittlerer Hitze für 10 Minuten.

Tipp: Die Jiaozi werden in China warm serviert. Dazu reicht man verschiedene Soßen.

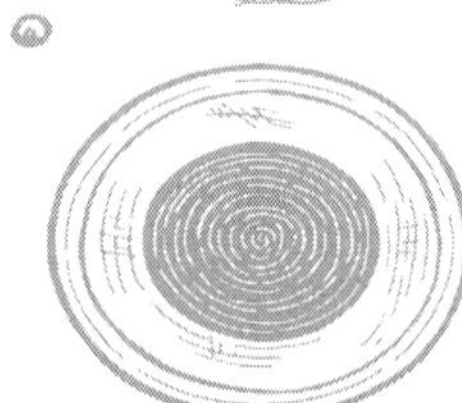

SUAN CAI YU |

FISCHSUPPE NACH CHONGQING-ART

2 Port.

35 Min.

Mittel

Zutaten

800 g Fisch
2 EL Öl
10 Szechuan-Pfefferkörner
10 getrocknete Pfefferflocken
200 g eingelegtes Gemüse
2 Paprika
5 Zwiebeln
10 g Ingwer
4 Zehen Knoblauch
800 ml Wasser

Für die Marinade:
1 TL Salz
1 Eiweiß
1 TL weißer Pfeffer
1 EL Sojasoße
4 EL Öl
2 EL Speisestärke

Nährwerte p. P.

307 kcal
90 g Kohlenhydrate
28 g Fett
29 g Eiweiß

1 Waschen Sie den Fisch gründlich ab. Trocknen Sie ihn mit Küchenpapier trocken. Entfernen Sie Knochen und Gräten und schneiden Sie das Fleisch in mundgerechte Stücke.

2 Reiben Sie das Fleisch großzügig mit Salz ein und waschen Sie es erneut ab.

3 Marinieren Sie das Fleisch jetzt in den Zutaten für die Marinade.

4 Bereiten Sie in der Zwischenzeit das Gemüse, Zwiebeln, Ingwer, Knoblauch und Paprika vor. Schälen und schneiden Sie alles in kleine Streifen.

5 Erhitzen Sie das Öl und dünsten Sie die Pfefferkörner und Pfefferflocken darin kurz an.

6 Geben Sie Gemüse, Zwiebeln, Ingwer, Knoblauch und Paprika hinzu und dünsten Sie alles für 3 Minuten mit an.

7 Löschen Sie die Mischung mit dem Wasser ab.

8 Rühren Sie jetzt den Fisch in die Suppe ein und köcheln Sie alles für 10 Minuten bei mittlerer Wärmezufuhr

SUAN LA FEN |

NUDELN SÜẞSAUER

4 Port. 25 Min. Leicht

Zutaten

200 g getrocknete Mungobohnennudeln
2 EL Öl
4 Zehen Knoblauch
1 TL gemahlener Szechuan-Pfeffer
1 TL Fünf-Gewürze-Pulver
60 ml Chiliöl
60 ml Sojasoße
80 ml Chinkiang
500 ml Brühe, heiß
4 Frühlingszwiebeln
50 g Ya Cai

Zum Garnieren:
nach Belieben Koriander
2 EL Sesamsamen, geröstet

Nährwerte p. P.

310 kcal
26 g Kohlenhydrate
11 g Fett
7 g Eiweiß

1 Weichen Sie die getrockneten Nudeln für mindestens 1 Stunde in Wasser ein.

2 Kochen Sie sie im Anschluss in frischem Wasser für 8 - 10 Minuten. Lassen Sie sie in einem Sieb abtropfen.

3 Schälen Sie den Knoblauch, waschen Sie die Frühlingszwiebeln und schneiden Sie alles in feine Ringe oder Streifen.

4 Erhitzen Sie das Öl in einem Wok.

5 Dünsten Sie Knoblauch, Pfeffer und Gewürzpulver darin für 1 Minute an.

6 Rühren Sie Chiliöl, Sojasoße, Chinkiang, Brühe, Frühlingszwiebeln, Ya Cai und die Nudeln unter.

7 Servieren Sie die Nudeln auf Tellern und garnieren Sie sie nach Belieben.

YU XIANG ROU SI |

HACKFLEISCH MIT FISCH (AROMATISIERT)

4 Port.

45 Min.

Leicht

Zutaten

Für die Marinade:
1 kg Hackfleisch vom Schwein
2 TL Öl
1 TL Shao-Xing-Wein
2 TL Sojasoße
¼ TL weißer Pfeffer, gemahlen
1 TL Maisstärke
1 ½ EL Wasser

Für die Soße:
1 ½ EL Reisessig
1 ½ Zucker
1 EL Sojasoße
½ Shao-Xing-Wein
250 ml Wasser
1 ½ EL Maisstärke

Außerdem:
3 EL Öl
1 EL Bohnensoße
2 TL Ingwer, gehackt
2 TL Knoblauch, gehackt
6 getrocknete Chilischoten, gehackt
400 g Bambussprossen
1 Frühlingszwiebel, in Ringe geschnitten

Nährwerte p. P.

320 kcal
38 g Kohlenhydrate
12 g Fett
7 g Eiweiß

1 Vermengen Sie zunächst die Zutaten für die Marinade miteinander. Rühren Sie das Fleisch unter und lassen Sie es darin für 20 Minuten ziehen.

2 Stellen Sie in der Zwischenzeit die Soße her. Vermengen Sie dafür alle Zutaten, bis sich der Zucker vollständig aufgelöst hat.

3 Erhitzen Sie 1 EL Öl in einem Wok. Braten Sie das marinierte Fleisch darin an. Es sollte vollständig durchgegart sein. Nehmen Sie es aus dem Wok und stellen Sie es beiseite.

4 Trocknen Sie den Wok mit einem Küchenpapier ab und erhitzen Sie erneut 2 EL Öl. Dünsten Sie jetzt Ingwer und Knoblauch darin kurz an.

5 Rühren Sie jetzt die angerichtete Soße, Bohnensoße, getrocknete Chilischoten, Bambussprossen und das Fleisch unter.

6 Vermengen Sie die Mischung gut miteinander. Garnieren Sie sie zum Schluss mit den Frühlingszwiebeln.

Rezepte nach klassischer Guangdong-Art

ZHI MA HU | SCHWARZE SESAMSUPPE KLASSISCHER-ART

6 Port.

90 Min.

Leicht

Zutaten

250 g Langkornreis
250 g schwarze Sesamsamen
1 ½ Liter Wasser
150 g Zucker

Nährwerte p. P.

403 kcal
41 g Kohlenhydrate
21 g Fett
8 g Eiweiß

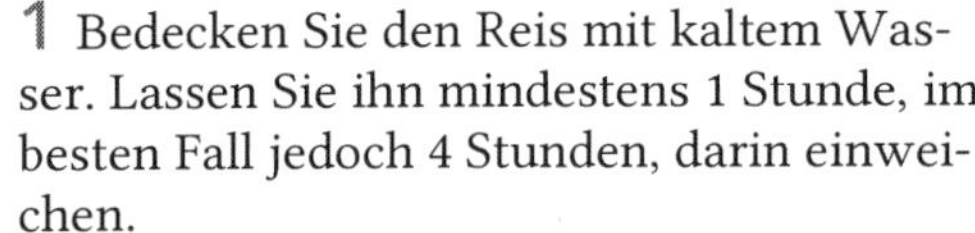

1 Bedecken Sie den Reis mit kaltem Wasser. Lassen Sie ihn mindestens 1 Stunde, im besten Fall jedoch 4 Stunden, darin einweichen.

2 Rösten Sie die Sesamsamen in einem Wok oder einer Pfanne, ohne Zugabe von Fett

3 an. Lassen Sie sie anschließend vollständig auskühlen.

4 Gießen Sie den Reis mit einem feinen Sieb ab. Pürieren Sie ihn mit 800 ml Wasser.

5 Mahlen Sie jetzt die Sesamsamen und vermengen Sie sie mit 150 ml Wasser zu einer klebrigen Paste.

6 Vermengen Sie die beiden Mischungen nun miteinander. Geben Sie das übrige Wasser hinzu und rühren Sie den Zucker unter.

7 Bringen Sie die Suppe in einem Topf bei mittlerer Stufe zum Kochen. Lassen Sie sie für etwa 10 Minuten köcheln. Rühren Sie sie dabei ständig um.

8 Die Suppe sollte eine seidige Konsistenz haben. Falls sie zu fest geworden ist, rühren Sie etwas Wasser unter.

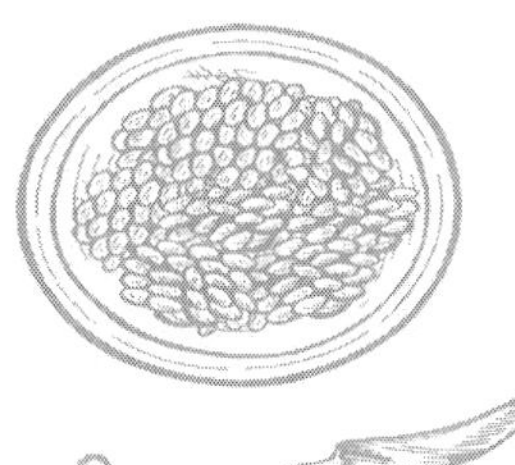

TONG SUI |

SÜSSE PFLAUMENSUPPE

6 Port.

45 Min.

Leicht

Zutaten

300 g Longan-Pflaumen, getrocknet
1 ½ Liter Wasser
12 Datteln, getrocknet
24 Ginko-Nüsse
10 Schneepilze, in Wasser eingeweicht
Nach Belieben: Zucker

Nährwerte p. P.

381 kcal
21 g Kohlenhydrate
29 g Fett
6 g Eiweiß

1 Bringen Sie das Wasser in einem großen Topf zum Kochen.

2 Geben Sie die Pflaumen, Datteln und Nüsse in das kochende Wasser.

3 Kochen Sie die Suppe für 20 Minuten bei mittlerer Wärmezufuhr.

4 Geben Sie jetzt die Nüsse hinzu und kochen Sie sie für weitere 25 Minuten.

5 Das Wasser sollte mit der Zeit bräunlich werden.

6 Schmecken Sie die Suppe nach Belieben mit Zucker ab.

DAN GUN |

GEFÜLLTE EIERROLLEN

20 Rollen

90 Min.

Mittel

Zutaten

125 g Erdnussbutter
1 EL Erdnussöl

Für die Füllung:
300 g Schweinefleisch, Julienne-Art
1 Grünkohl, blanchiert, geschreddert
5 Stangen Frühlingszwiebeln, in Ringe geschnitten
2 TL Zucker
2 TL Salz
½ TL Pfeffer
¼ TL Zimt
1 EL Sesamöl
150 g Garnelen, gekocht, gehackt
40 g Wasserkastanien
60 g Bohnensprossen

Außerdem:
Eierrollen
1 Ei
Öl zum Braten

Nährwerte p. P.

214 kcal
42 g Kohlenhydrate
28 g Fett
22 g Eiweiß

1 Vermengen Sie alle Zutaten für die Füllung in einer großen Schüssel.

2 Erhitzen Sie die Erdnussbutter bei schwacher Hitze in einem kleinen Topf. Geben Sie sie im Anschluss gemeinsam mit dem Erdnussöl zu den übrigen Zutaten.

3 Lassen Sie die Füllung kurz abkühlen.

4 Schneiden Sie Eierrollen, falls notwendig, auf die gewünschte Größe zurecht. Die Füllung sollte für etwa 20 Rollen genügen.

5 Befüllen Sie die Rollen jeweils mit 1 – 2 EL der Füllung. Rollen Sie sie fest zusammen, klappen Sie die Ecken dabei ein.

6 Verquirlen Sie das Ei in einer kleinen Schüssel. Bestreichen Sie die Rollen vollständig damit.

7 Erhitzen Sie das Öl in einem großen Topf oder Wok auf 180 Grad. Frittieren Sie die Rollen darin für 1 - 2 Minuten. Sie sollten dabei eine goldbraune Farbe erhalten. Lassen Sie sie auf einem Küchenpapier abkühlen.

CHA SIU BAO |

GEDÄMPFTER HEFETEIG MIT FÜLLUNG

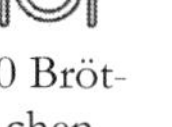

10 Brötchen | 50 Min. | Leicht

Zutaten

Für den Teig:
1 TL Trockenhefe
180 ml Wasser, lauwarm
240 g Mehl
120 g Maisstärke
5 EL Zucker
60 ml Öl
2 ½ TL Backpulver
2 TL Wasser

Für die Füllung:
1 EL Öl
50 g Schalotten, fein gehackt
1 EL Zucker
1 EL helle Sojasoße
2 TL dunkle Sojasoße
1 ½ EL Austernsoße
2 EL Sesamöl
200 ml Hühnerbrühe
2 EL Mehl
200 g Schweinefleisch, gebraten

Nährwerte p. P.

342 kcal
38 g Kohlenhydrate
19 g Fett
12 g Eiweiß

1 Vermengen Sie zunächst Hefe und Wasser miteinander, bis sich die Hefe vollständig aufgelöst hat.

2 Verrühren Sie alle übrigen Zutaten für den Teig mit der Hefe-Mischung. Lassen Sie den Teig für mindestens 2 Stunden an einem warmen Ort ruhen.

3 Stellen Sie in der Zwischenzeit die Füllung her. Erhitzen Sie dafür das Öl in einem Wok. Dünsten Sie die Schalotten darin kurz an. Geben Sie alle übrigen Zutaten, die für die Füllung vorgesehen sind, hinzu.

4 Dünsten Sie alles kurz an. Lassen Sie die Mischung vollständig abkühlen.

5 Erhitzen Sie in der Zwischenzeit einen Dämpfer.

6 Formen Sie aus dem Teig 20 kleine Brötchen. Drücken Sie in die Hälfte dieser Teiglinge ein Loch für die Füllung.

7 Befüllen Sie das Loch mit der vollständig ausgekühlten Fleisch-Mischung.

8 Drücken Sie jetzt die ungefüllten Brötchenhälften auf die befüllten, damit ein großer Teigling entsteht.

9 Legen Sie die Brötchen auf den mit Backpapier belegten Dampfeinsatz.

10 Dämpfen Sie sie für etwa 12 Minuten über dem kochenden Wasser.

WU GOK |

FRITTIERTER TARO-KNÖDEL

24 Stk.

20 Min.

Mittel

Zutaten

150 g Shrimps, geschält
150 g mageres Schweinefleisch
2 Zehen Knoblauch
1 Frühlingszwiebel
10 g Ingwer
2 getrocknete Shiitake-Pilze, eingeweicht
2 TL dunkle Sojasoße
1 TL Maisstärke
2 EL Öl
600 g Taro
100 g Weizenstärke
150 ml kochendes Wasser
100 g Schweineschmalz
1 TL Backpulver
½ TL Salz
1 TL Zucker
1 TL Sherry

Außerdem:
nach Belieben Gewürze
1 Liter Öl zum Ausbacken

Nährwerte p. P.

240 kcal
34 g Kohlenhydrate
28 g Fett
8 g Eiweiß

1 Waschen und trocknen Sie die Shrimps gründlich ab. Schneiden Sie Shrimps, Schweinefleisch, Knoblauch, Frühlingszwiebeln, Ingwer und Pilze in feine Würfel.

2 Marinieren Sie das Schweinefleisch in der dunklen Sojasoße und Maisstärke.

3 Erhitzen Sie 2 EL Öl in einer Pfanne oder einem Wok. Braten Sie das Fleisch darin scharf an. Geben Sie Shrimps, Ingwer, Knoblauch und die Frühlingszwiebeln dazu und garen Sie alles für 5 Minuten mit an.

4 Würzen Sie die Mischung nach Belieben und stellen Sie sie im Anschluss für 2 Stunden kalt.

5 Schälen Sie die Taro-Stücke und schneiden Sie sie in dünne Scheiben. Dämpfen Sie sie für mindestens 30 Minuten.

6 Zerkleinern Sie die Taro-Stücke mit einer Gabel oder einem Kartoffelstampfer zu Mus.

7 Vermengen Sie das kochende Wasser mit der Weizenstärke.

8 Rühren Sie Taro-Mus, Schweineschmalz, Backpulver, Salz, Zucker und Sherry unter.

9 Formen Sie aus diesem Teig etwa 24 Kugeln. Verarbeiten Sie dabei jeweils 1 EL der Füllung in die Kugeln.

10 Erhitzen Sie das Öl zum Ausbacken auf mindestens 180 Grad.

11 Frittieren Sie die Kugeln darin so lange, bis ein Netz entsteht. Nehmen Sie sie aus dem Fett heraus, reduzieren Sie die Hitze und garen Sie die Netze erneut für 3 - 5 Minuten.

LO MEIN |

KLASSISCHER GUANGDONG-NUDEL-TELLER

 4 Port.

 20 Min.

 Leicht

Zutaten

2 EL Sojasoße
1 TL Sesamöl
1 TL Rübenzucker
150 g Reisnudeln
3 Frühlingszwiebeln
1 Möhre
½ Paprika
200 g Pak Choi

Nährwerte p. P.

290 kcal
32 g Kohlenhydrate
18 g Fett
14 g Eiweiß

1 Waschen Sie das Gemüse und schneiden Sie es in mundgerechte Stücke.

2 Kochen Sie die Nudeln währenddessen nach Packungsanweisung. Gießen Sie sie anschließend in einem Sieb ab.

3 Erhitzen Sie das Öl in einem Wok. Dünsten Sie das Gemüse darin für 2 Minuten an.

4 Geben Sie die Sojasoße und den Zucker hinzu.

5 Rühren Sie jetzt die Nudeln unter und dünsten Sie alles noch einmal für 5 Minuten zusammen an.

Tipp: Dieses Grundrezept kann mit verschiedenen Gemüsesorten angerichtet werden. Je nach Saison passen viele Kohlsorten oder Brokkoli zu den Lo-Mein-Nudeln.

LO MAI FAN |

KLEBRIGER REIS

4 Port.

60 Min.

Leicht

Zutaten

30 g Wurst, chinesischer Art
60 g Schweinebauch, gepökelt
30 g Shiitake-Pilze, getrocknet
30 g Garnelen, getrocknet
10 Frühlingszwiebeln
60 g Koriander
120 g Jasminreis
550 g Klebereis
2 Zehen Knoblauch
50 ml Öl

Nährwerte p. P.

285 kcal
35 g Kohlenhydrate
23 g Fett
11 g Eiweiß

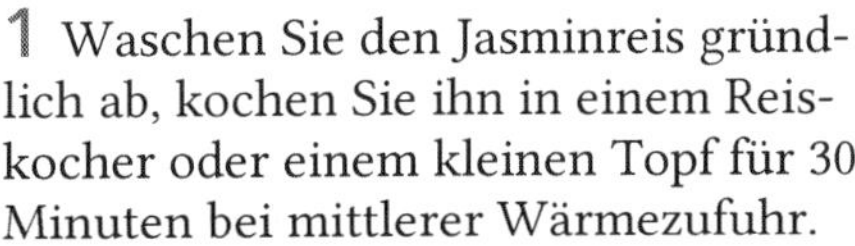

1 Waschen Sie den Jasminreis gründlich ab, kochen Sie ihn in einem Reiskocher oder einem kleinen Topf für 30 Minuten bei mittlerer Wärmezufuhr.

2 Weichen Sie auch die Pilze und Garnelen für 10 Minuten in Wasser ein.

3 Schneiden Sie sie anschließend in feine Würfel.

4 Zerkleinern Sie Schweinebauch, Wurst, Frühlingszwiebeln und Koriander.

5 Vermengen Sie Schweinebauch, Wurst, Frühlingszwiebeln, Koriander, Garnelen und Pilze miteinander.

6 Erhitzen Sie das Öl in einem Wok. Pressen Sie den Knoblauch hinein und dünsten Sie ihn kurz an.

7 Geben Sie jetzt die Gemüse-Fleisch-Mischung hinzu. Dünsten Sie alles für mindestens 5 Minuten an.

8 Rühren Sie zum Schluss beide Reissorten ein. Reduzieren Sie die Hitze deutlich und vermengen Sie alles kräftig miteinander.

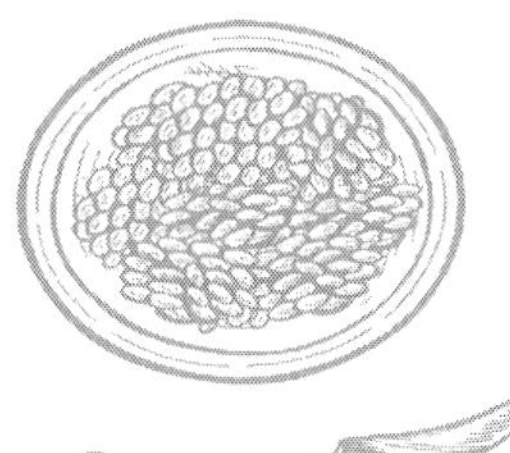

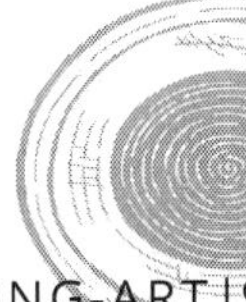